人生最後に後悔しないための読書論

齋藤 孝
明治大学教授

805
中公新書ラクレ

目次

2章 あなたも「老賢者」になれる

5章 いい大人になるための「哲学」入門

はじめに――読書をすれば、中高年も新たな「ステージ」へ

先ごろベストセラーになった一冊に、『ライフ・シフト』（リンダ・グラットン／アンドリュー・スコット著、池村千秋訳、東洋経済新報社）があります。

「人生一〇〇年時代」となり、従来の「教育→仕事→引退」という典型的な三ステージだけでは尺が余るようになりました。そこで求められるのは、新たなステージへ何度も移行すること。具体的には、新たな道を模索する「エクスプローラー（探検者）」、個人で小さな事業を起こす「インディペンデント・プロデューサー（独立生産者）」、複数の仕事に同時に携わる「ポートフォリオ・ワーカー」の三つを挙げています。

特に今の中高年にとって、定年を迎えて引退するのは早すぎます。これから数十年、

どういうステージにいかに移行するかという行動戦略について、この本は豊富なヒントを提供してくれるわけです。

たとえば、お金ではない「見えない資産」に投資し、活用しようという話。スキルや知識といった「生産性資産」、人間関係や健康など、自分を前向きにしてくれる「活力資産」、自分自身をよく知るとともに、幅広いネットワークを持つ「変身資産」の三つをバランスよく育て、相乗効果を高めることが大事だと説いています。

実際、中高年になってから何かを習い始めたり資格を取ったりして、定年後にそれを生業《なりわい》にしている方も増えているようです。「人生一〇〇年」を前提にすると、人生設計はいろいろ変わってくるはずです。

もちろん、現役時代のようにバリバリ働くことは難しいかもしれません。体力も収入も減るでしょう。それに抗うのではなく、下り坂の勾配をできるだけ緩やかにしていくイメージでしょうか。あるいは「働く」だけではなく、資産に余裕があるならあちこちを旅して回るとか、趣味に時間とお金を注ぎ込むという手もあるでしょう。

本書ではこの『ライフ・シフト』のようなビジネス書のみならず、古今東西の文学作品や歴史書、哲学書など「この一冊を読まずに死ねるか」と思っていただけるような作品を数多く紹介していきます。また、各章末には「ライフハック読書術」と銘打ったコラムを掲載しました。これは読書を楽しむうえでのちょっとしたコツを披露したものです（なお、コラムと本文の一部は、拙著『本をサクサク読む技術』等から抜粋しました）。

「人生一〇〇年時代」を前向きに生きるためのヒントを得たり、自分に何ができるかをじっくり考えたり、まだまだ多くの選択肢があるとモチベーションを高めたりできるような本をそろえたつもりです。なお、古典を紹介する際、その古典を解釈した自著にも触れてしまいましたが、古典愛ゆえとご容赦願えれば幸いです。

皆さんの後半生にとって最適な一冊が見つかることを願っています。

構成／島田栄昭
本文ＤＴＰ／今井明子

1章

「老い楽の日々」こそ希望あり

認知症と戦った作家の記録

年齢を重ねてくると、若いころのようには身体に無理が効かなくなります。すぐに疲れたり、体調を崩したり、あちこち痛みだしたり。それによって心が塞ぎがちになることもあるでしょう。定年のない作家のような職業だと、その変化をいっそう痛感するのかもしれません。

そのプロセスと、再生への心構えを克明に綴ったのが、先ごろ九〇歳で亡くなられた**森村誠**一さんの『**老いる意味**』（中公新書ラクレ）。森村さんといえば、かつて『人間の証明』などの大ベストセラーを書いて一世を風靡《ふうび》された方ですが、老人性のうつ病に罹《かか》って老いを実感されたそうです。

「人生とは天気のようなものである」という書き出しから、達観された様子が窺えます。「長く生きていればいろいろな病気もした」そうですが、うつ病とはっきり診断される前から調子の悪い日々が続いたとのこと。「言葉が、文章が、汚れきっていた」「書き直そうとしても修正できなかった」そうです。

やがて、老人性うつ病と診断されます。「毎朝五時頃に起きると、そこからつらい一日が始まる」と。

このとき、お医者さんから言われたアドバイスは四つ。①楽しいものを探す、②のんびりする、③美味しいものを食べて、ゆっくりと寝る、④趣味をみつける。単純ですが、たしかにやってみようという気にはなります。森村さんはこれらを実践し、人に会って話したり、喫茶店やレストランに行ったり、電車や車に乗って美しい場所・珍しい場所を訪れたり、人を招いたりしたそうです。

しかし、こうした努力がすぐに実を結んだわけではありません。というのも、旅行したり人を招いたりすると緊張して疲れてしまうし、健康な人の姿に嫉妬することもあったそうです。うつ病に限らず、心身が万全ではないときは、誰でもこういうものかもしれません。

さらに追い打ちをかけるように、認知症の傾向も見られるようになります。作家にとって、言葉を忘れることは「死」を意味するとの危機感から、とりとめもなく文字を書き散らし、その紙を家中のあらゆる場所に貼り付けたそうです。この本にはそのときの写真も載っているのですが、言葉が失われることに必死に抵抗する、作家としての執念のようなものが感じられます。

「楽隠居」より「役割分担」を求めて

こうした努力の末に少しずつ体力と気力を回復させ、言葉を取り戻すことに成功。ふたたび執筆活動を開始します。このとき、森村さんは八八歳。「人生一〇〇年」とすればまだ一〇年以上もあると考えたこと、それに薬剤師さんから「八四歳や八五歳なんて充分若い」と言われたことが心の支えになったそうです。認知症の完治は難しいけれど、「第二の青春」を始められるかもしれない、と。

たしかに、年齢という数字には、以前より意味がなくなっているようです。一九六〇年生まれの私が子どものころ、八〇歳といえばかなりの高齢でした。しかし「人生一〇〇年」がけっして夢物語ではなくなった昨今、八〇歳は終末かと言えば、まだ早い気がします。むしろ「八〇歳までは生きたいね、生きてほしいね」という意識に変わったのではないでしょうか。

森村さんも、「人生五十年の時代には、「老後」という感覚はなかった」と書かれています。今やその倍の人生を生きることも珍しくないわけで、「老後」の捉え方が変わるのは当然でしょう。

そこで問うべきは、その後半戦をいかに生きるか。「余生」が「余った人生」ではなくなった以上、もっと意味のある過ごし方ができるはずです。以後、森村さん流の「老い」との付き合い方について、さまざまな角度から考えを述べておられます。

たとえば「欲望」について。年齢を重ねるほど衰えがちになりますが、生きていくうえではビタミンと同じようなものであり、「人間枯れたらおしまいだ」という執念が必要とのこと。欲望を持ち続ければ艶がなくならないとも述べています。

仏教的な考えにしたがえば、欲望を削ぎ落とすほどブッダに近づくことになります。それはそれで立派な姿勢ですが、ではそれで艶は残るかと言えば、なかなか難しいかもしれません。ひからびて即身成仏のような感じになるだけだとしたら、本人もおもしろくないでしょう。

あるいは「楽隠居」について。仕事に追われることもなく、日がな一日何もしなくていい状態というのは、一見すると楽そうです。しかし実際、やることがないというのは辛いもの。田舎に一人で暮らす母親を都会の自宅に呼び寄せた方の話を紹介されていますが、母親は結局、田舎に帰ってしまったとのこと。知り合いが誰もいない都会で「お客さん」扱いされても、けっして快適ではないのです。

それなら、たとえ一人暮らしでも、いろいろなつながりがあって〝生涯現役〟でいられる田舎のほうがいい。言い換えるなら、田舎の生活コミュニティには、老人を孤独にさせない底力があるということです。

また家族と同居するにしても、「お荷物老人」にはなりたくない。何かあったら頼ってほしいというシグナルを、ふだんから発信しておきましょうというのが森村さんのアドバイスです。

いずれにせよ、どれほど高齢になっても社会とつながっていたいし、それなりの役割を果たしたいということだと思います。老いていることを意識しすぎると、周囲に甘えてしまうのではないかと。

一般に「枯淡の境地」という言い方があります。煩悩から解脱して悟りを開くようなイメージですが、それも「言い換えれば枯木の世界である」と説いています。「六十歳、七十歳という年齢であればまだ樹液はしっかり残っており、まだまだ花も実もつけられる」という言い方には、なかなか説得力があります。木のたとえは、人生をなぞらえるうえでは非常に納得しやすいと思います。

老後の生活を支えるのは「知性」だ

後半は、高齢になれば避けられない病気といかに付き合うかについて言及されています。若いころから健康には非常に気を遣う方だったそうで、心の持ちようだけではなく、実践的なアドバイスも紹介されていておもしろい。「ちょっとやってみようか」と、戦う勇気をもらえる気がします。

たとえば生活のリズムを崩さないとか、散歩を欠かさないとか、スケジュール表をつくって多少無理をしてでも動くようにするとか。特にうつに苦しまないためには、一人で抱え込まないこと、できるだけ人と接することが大事だそうです。薬が合えば治りやすいので、異変を感じたらなるべく早く病院に行きましょうとも。

もともと知性の高い方にとって、かつてのパフォーマンスを発揮できなくなることは、かなり大きなショックだと思います。しかし、そのショックを乗り越える原動力になるのも、やはり知性なのです。

困難にぶつかったとき、どうすればいいかを冷静に考えて実践しているわけです。食事をどうするか、生活をどう変えるか。それも一杯のコーヒーの飲み方にまでこだわるなど、非常に細かくて理知的です。こうしていろいろ工夫をすること自体が脳の訓練になるし、日々の活動が増えることで生活も安定する。結果的に心も落ち着くのではないでしょうか。

あるいは、読書会を開くことを提案されています。同じ本を読んだ人どうしが集まれば、たしかに話に花が咲くでしょう。そう思えるのも、若いころから読書によって知性を鍛えてこられたからだと思います。

いずれにせよ頭がしっかりとした方には、何か困難に直面したときにも、冷静に対処していく力があります。瞬間的には激しいショックを受けて打ちひしがれたとしても、前向きに立ち直っていける。読書をはじめとする知的な訓練によって鍛えられた知性が、生活を支える力になっているわけです。

最近、心理学の世界で「レジリエンス（復元力）」という言葉がよく使われるようになりました。人間には元に戻ろうとする力、心身ともに正常に保とうとする力があるということです。ただし、これには個人差があります。

あくまでも私見ですが、その差は知性によって生まれると思っています。言い換えるなら、日ごろから本や新聞を読み、自分で考えたり想像したりする習慣のある人ほど、「錆びない知性」を身につけられるのではないか。今日の読書が明日の自分をつくる、と言っても過言ではないと思います。

高齢者が自ら「姥捨て」を求める理由

一九八三年、フランスで開かれたカンヌ国際映画祭では、大島渚監督『戦場のメリークリスマス』がパルム・ドール（最高賞）を受賞するのではと期待を集めていました。ところが実際に獲得したのは、同じ日本の今村昌平監督『楢山節考』。まったく〝ダークホース〟だっただけに、当時は日本でもずいぶん話題になりました。

原作は**深沢七郎**の短編小説「**楢山節考**」。「姥捨て山」をテーマにした作品です。貧しい地域の因習として、七〇歳を迎えた高齢者は、口減らしのために山に入らなければいけない。つまり死にに行くわけです。しかも、老いた親を背負って山へ連れて行くのは子どもの役割。どれほど辛いかは、想像に難くありません。

あくまでも民間伝承であり、実際にこういうことが行われていたかは定かではないそうですが、昔ならあっても不思議ではないでしょう。地域を共同体と捉えた場合、その維持存続を第一に考えると、限られた食料は高齢者より幼い子どもを優先して分配せざるを得ない。そうすると、より高齢な人から順番に共同体を去ってもらうしかないわけです。

ただ読んだ感触が意外に悪くないのは、当の老母がきわめて高い精神性を持っているからです。「山に行きたくない」と抵抗するのではなく、むしろ「早く連れて行ってくれ」と息子に訴える。立派な歯がまだそろっていることは恥ずかしいとして、自ら石で砕く。そして最後は、山中で置き去りにする息子に向けて両手を合わせて拝む。悲惨でせつない話ではありますが、痛々しさとともに、人間の尊厳や崇高さも感じさせてくれます。

現代の私たちがこの作品から学ぶことがあるとすれば、若い人たちの邪魔をしない、ということが一つだと思います。今は「老害」などと呼ばれたりしますが、たとえば仕事にしても、若い人のチャンスを奪ったり、頭ごなしに抑え込もうとしたりしていないか注意する必要がある。本人に自覚がなくても、若い人は高齢者に少なからずプレッシャーを感じているものです。

だから、それまでどれほど組織に貢献していたとしても、ある程度の年齢になったら、第一線の役職はできるだけ後進に譲ろう、自分はサポートに回ろう、ぐらいの感覚でちょうどいいかもしれません。だいたい「定年」や「任期」というのも、そうして組織の新陳代謝を促すためのシステムだと思います。

もっと現実的には、お金の問題があります。マクロで見ると、日本の二〇〇〇兆円にのぼる個人金融資産のうち、六割強は六〇歳以上が持っているそうです。しかもそれを、ほとんど使わずに貯め込んでいる。だから日本経済は回りにくいわけです。

使い道があるならどんどん使ったほうがいいし、特に使い道がないなら若い世代に渡せばいい。子どもや孫のほうが、住宅ローンや教育、あるいは何らかのチャレンジのために資金需要は旺盛なはずです。

その意味では、「楢山節考」の世界観とは逆に、今は高齢者のほうが強者なのかもしれません。だからこそ、若い人に気を遣わせることなく、しかるべきときに自ら身を引く覚悟を決めることが大事ではないでしょうか。

高齢化社会の問題を五〇年前に看破した名著

大手出版社の新潮社の別館ビルは、別名「恍惚ビル」と呼ばれています。一九七二年に同社から刊行された**有吉佐和子**さんの長編小説**『恍惚の人』**が大ベストセラーになり、その収益で建てたと噂されたためです。

この小説は、高齢者の認知症（当時は痴呆症と呼ばれていた）により、介護でたいへんな苦労をする家族の物語です。すぐに森繁久彌さんと高峰秀子さんの主演で映画化もされ、こちらも大ヒットしました。一定以上の年齢の方なら、本や映画は知らなくても、タイトルに見覚え、聞き覚えがあると思います。

今でこそ高齢化と介護は大きな社会問題ですが、そういう時代の到来をすでに五〇年前から予見していたわけです。実際にはその一〇年ほど前から取材を開始していたそうなので、日本が高度経済成長の真っ只中で絶好調だったころから問題意識を持っていたことになります。おそるべき慧眼《けいがん》だと思います。

平均寿命の伸び自体は、社会全体として喜ぶべきことでしょう。しかしその分、認知症の高齢者が増えるわけで、その世話をする人の数も増えることになります。基本的には家族がその役割を担うわけですが、家族の誰もが積極的に関わるとは限りません。仕事や子育てとの両立が難しかったり、お互いに押しつけ合ったり、家族内の関係がギクシャクすることもよくあります。

社会に視野を広げると、これは若い人の労働条件の問題とも結び付きます。高齢者大国になるほど、その世話は家族だけでは賄い切れず、多くの介護職員が必要になります。しかし、スキルのある職員が慢性的に不足していることは周知のとおり。労働力人口が減少傾向なうえ、たいへんな重労働に見合うだけの待遇をなかなか得られないことが主な原因と言われています。介護の仕事にやりがいを覚えていたとしても、経済的な理由や、もしくは本人の結婚や子育てとの両立が難しくなって離職せざるを得なくなる場合もあるでしょう。

一方、仮に介護職員を十分に雇用できたとすると、今度は若い労働力が介護に吸い取られていいのかという議論も沸き起こります。若いエネルギーやアイデアを、もっと経済を牽引する分野に振り向けてこそ、国家は国際競争力を持ち得るのだと思います。

これは人口構成や財源など構造的な問題で、そう簡単に解決できることではありません。ただ個人レベルで考えるなら、私を含めてこれから高齢に向かう世代が、できるだけ若い人の世話にならないよう、今のうちから心がけることはできます。端的に言えば、認知症の予防です。

認知症は運命的な病気で、個人の努力で防ぎ切ることは難しいかもしれません。しかし、できるだけ脳を使い、鍛えることならできるはずです。「脳トレ」で有名な東北大学加齢医学研究所の川島隆太先生によれば、音読も予防や改善の一つになるとのこと。かつて私は川島先生と『素読のすすめ』(致知ブックレット)という共著を出したほどですから、間違いありません。

すでに認知症は珍しくないため、『恍惚の人』で周囲の人の大変さを初めて知る、という人はほぼいないでしょう。しかし最初に警鐘を鳴らし、近未来を見事に言い当てたという意味では記念碑的な作品です。文学として、あるいはジャーナリズムの視点で読んでみるのもおもしろいでしょう。

文豪・谷崎潤一郎の「変態」な記録

日本の文学界が誇る文豪・谷崎潤一郎には、ちょっと変わった性癖がありました。女性の足で踏んでもらいたい、というものです。「変態」と呼ばれても仕方ありません。

しかも谷崎がすごいのは、その性癖を文学に昇華させて包み隠さずオープンにしたこと。その作品が、『瘋癲《ふうてん》老人日記』です。

主人公・卯木督助《うつぎとくすけ》は性的不能に陥った七七歳。息子の嫁の颯子《さつこ》の足に倒錯的な愛を感じ、ついに彼女の足型で仏足石をつくるに至ります。自分の墓石に仏さまの足を彫るのが本来の仏足石ですが、それを息子の嫁の足にしたわけです。これぞ変態の極みでしょう。

これはフィクションではなく、谷崎の実生活に基づいています。最後の妻・谷崎松子の連れ子だった渡辺清治の妻である渡辺千萬子《わたなべちまこ》が颯子のモデルです。両者の往復書簡が公開され、関係が明らかになりました。

一般的には、「気持ち悪い」と顔をしかめたくなるような話でしょう。ただ一つ〝学び〟があるとすれば、不能な老人にも性的欲望はあるということです。昨今の言葉で言えば、SDGsの基本原則は「誰一人取り残さない」。そこには不能な老人も含まれるはずです。性的欲望を持つわけがないとか持ってはいけないというのは、むしろ偏見ではないでしょうか。

それに性癖は人それぞれで、公序良俗に反したり人に迷惑をかけたりしないかぎり、個々人の自由です。もちろん颯子が嫌だというのであれば話は別ですが、そうでもない様子。ならば他人が口をはさむ問題でもないような気がします。

それに結果的に文学作品となり、今日の私たちにも衝撃とともに〝学び〟をもたらしてくれているという意味では、文化・社会への貢献もきわめて大きいと思います。もしかしたら、一部の高齢者に対して自信や勇気を与えてくれるかもしれません。

また、谷崎には『鍵』という長編小説もあります。夫婦が、お互いに盗み読みされることを前提として日記を書くという、これも倒錯した愛の世界を描いています。全文が日記形式で書かれているため、読者もまた盗み読むような負い目と背徳の快感を味わえるという独特の作品です。

主人公は初老の学者。嫉妬心が性的興奮をかき立ててくれることから、妻の郁子をあえて不倫ギリギリの状況に追い込んでいきます。郁子も夫の日記でその意図を知っているから、夫を興奮させるためにいやいやながら協力する。そういう、なんともドロドロした性愛の物語が展開されるわけです。

昨今は、フィクションの世界で「寝取られ」というジャンルが確立しているようです。寝取られることで興奮する男性を描いたものですが、『鍵』はまさに日本における先駆的な作品といえるでしょう。これらの作品を読んでいると、実は性欲や愛の根源には、誰でも少なからず嫉妬心があるのではないか、という気がしてきます。

ルネ・ジラールは、自分が何かを欲するのは他者の欲望を模倣するからだという「欲望の三角形」理論を提唱しています（『欲望の現象学』）。

考えてみれば、およそ恋愛小説と呼ばれるものは、そのほとんどが三角関係を描いています。ある人が誰かを好きになることで、自分も好きになってしまう。自分が好きな人が他の誰かを好きだということで、燃え上がる。表現によって美しく彩ることもできますが、根底にあるのは嫉妬心でしょう。

そこから逃げず、露骨なまでに克明に記録した点が、谷崎文学の真骨頂だと思います。だからこそ時代を隔てても古くならず、今なおドラマや映画の原作になったりするわけです。

ちなみに谷崎の作品群は、**『潤一郎ラビリンス』**（中公文庫、全一六巻）としてまとめられています。「耽美な変態」の世界にどっぷり浸かりたければ、片っ端から読んでみるのもいいでしょう。

谷崎といえば『痴人の愛』や『細雪《ささめゆき》』のような長編が有名ですが、「刺青《しせい》」や「幇間《ほうかん》」といった一〇ページ前後ながら秀逸な短編も少なくありません（☞短編というジャンルの楽しみ方については、【ライフハック読書術①】を参照）。それらの中から、自分の好みや気分に合った巻を選べるわけで、古典と言ってもかなりとっつきやすいはずです。

同時に、谷崎がいかに幅広い書き手だったかも実感できるでしょう。一般には「耽美派」と称されることが多いですが、女性との性愛ばかりではなく、歴史小説や推理小説に近い作品も残しています。いくつか読んでみると、その知性や鋭い洞察に圧倒されると思います。

高齢女性が恋愛をして何が悪い

高齢女性が登場する小説はいろいろありますが、ことテーマが「愛」や「性」となると、俄然絞られると思います。そのフロンティアを切り開いたのが、**松井久子**さんの**『疼《うず》くひと』**（中央公論新社）でしょう。

オビにある秋吉久美子さんの推薦文が、この本の特徴を表現しています。「70歳過ぎての性愛、特に女性については、未踏のエリアといっても良い。興味津々」。たしかに多くの女性にとっては興味津々なのかもしれません。

象徴的なのが、タイトルにある「疼く」という動詞。あまり公の場で聞く言葉ではありません。

本文の表現も、なかなか過激です。序盤から「私が快感やオーガスムを演じているのが、この男にバレてはいないか」「女性の性の快感の到達点を、『オーガスム』とか、『イク』といった言葉で知ってはいたが、自分の感じてきたものが、本物であったかどうかが定かでない」など、詳細な身体感覚が赤裸々に語られていきます。

主人公の七〇歳の脚本家・唐沢燿子は、一五歳年下の男性・沢渡蓮とSNSで知り合い、しだいに夢中になっていく。たとえば終盤には、以下のような描写があります。

〈燿子の下腹をまさぐりながら、

「あなたは、感情よりも意思で生きてきた人だからね。溺れることを知らないひとだから」

と言った蓮の言葉に、燿子は、「そうだろうか?」と考える。

ほんとうはいつも一緒にいたいのに、それを言えず、心に蓋をしているだけではないか。

(略)

何故もっと全身でぶつかっていけないのだろう……。

(略)

この歳になった自分は、蓮と一緒に生きる未来など、期待してはいけないと思っている。

だから、今を大切に生きよう。

「溺れられるよ。蓮ちゃん、私、溺れたい」

ベッドから起き上がり、蓮の手を取った。〉

男性の立場からすると、ある程度年齢を重ねた女性の内的な性愛感覚について知ることはほとんどありません。だから驚いたり、恐れ入ったり。

これまで性については、男性中心主義で語られることが多かったと思います。中高年男性の性なら、たとえば谷崎潤一郎の『痴人の愛』とか、川端康成の『眠れる美女』のような古典的作品もあります。

ところが、時代の変化によって女性が自分の内側の感覚を外に表現できるようになりました。それに、今の中高年女性は、ひと昔前に比べて見た目も考え方も若々しい。恋愛することも不自然ではない。

中高年男性にとっても、特別な人を除いて、二〇歳代の女性には相手にされない可能性がきわめて高いですが、同世代かそれ以上の女性なら脈があるかもしれません。第一、相性も話題も合いやすいはずです。

この作品は、そのことにあらためて気づかせてくれます。女性にとっては興味津々またはは共感ばかりかもしれません。また男性も、この作品から学べることは多いと思います。七〇歳代どうしで性愛を楽しむというのも、また豊かな話ではないでしょうか。

社会の固定観念が高齢者を生きにくくさせている

『疼くひと』の後、松井さんは続編を出されています。それが『最後のひと』（中央公論新社）。主人公の唐沢燿子が七五歳になり、今度は八六歳の市民講座講師・仙崎理一郎と出会います。オビには「75歳になって、86歳のひとを好きになって、何が悪いの？」とありますが、前作と違って性描写は控え目。その代わり、老いてなお生きる希望と社会に対するささやかな反抗を描いた物語になっています。

たしかに七五歳と八六歳の組み合わせは、何も悪くありません。仮に八六歳のおじいさんが二六歳のお姉さんを追いかけるとすると、何か公序良俗に反するような気がしてしまいます。そこまで極端ではないにしても、結婚相談所でなかなか相手を見つけられない人は、すごく年齢の若い方を求めることが多いそうです。

しかし高齢者どうしの交際なら、他者がとやかく言う筋合いではない。長く生きてきた者として共感できる部分もあるでしょうし、むしろ自然な感じがします。それにこの作品の全編を貫くのは、知的な会話です。お互いに知性が高い設定なので、会話のレベルも必然的に高くて落ち着いています。

ただ高齢での恋愛となると、若いときのように惚れた腫れただけでは済まされない煩わしさもあります。たとえば終盤、籍を入れるかどうかで葛藤する場面があります。

〈燿子にとっては、またも女である自分の姓が変わるだけの、面倒で理不尽な手続きに過ぎない。今更、姓が変わるなんてことは、できれば避けたまま死にたいと思っている。

でも、仙崎伽耶から言われたように、正式な婚姻関係を結ばなければ、「内縁の妻」と呼ばれ、病院での扱われ方ばかりか「あの歳で、愛人?」と蔑みの視線を浴び続けることになる。籍を入れれば、「遺産目当て」と言われてしまう。

どちらに転んでも、高齢者になってからの愛の問題は、好奇と嫉妬の目で見られこそすれ、祝福されることも、羨ましがられることもない。

それが世間である。

世間が、人びとから自由を奪い、晩年をつまらないものにしているのだ。〉

こういう問題は現実にもありそうです。特に財産の問題。男性が多額の財産を持っている場合、高齢になってから再婚して亡くなると、半分は新しい奥さんに分与されるわけです。男性に先妻との子どもやその孫がいたとしたら、ちょっと納得できない面もある。突然現れた女性に半分も持っていかれるわけですから。女性にその気がないにせよ、財産目的を疑われることもあります。それを考えると、高齢者が自由に恋愛して再婚することは難しいかもしれません。

私はふだん大学で学生たちと接していますが、彼ら彼女らにとって大きな関心事の一つは、言うまでもなく恋愛です。そんな若い人たちの関心を惹こうと、ドラマや映画には恋愛の要素が含まれます。小説も半分以上は恋愛の話だと思います。あるいはＪポップの歌詞に至っては、恋愛関係です。いつの時代も、これは変わりません。

ところが、高齢者の恋愛をテーマにしたドラマや音楽等は、比較すると少ない。仮にそういうものがあったとしたら、「いつまでやってるの？」「年寄の冷や水」などと冷ややかに受け止められるおそれがあります。それだけある種のタブーになっているわけです。

そういう世間の目を考えると、高齢者は心身ともに元気だったとしても、なかなか恋愛に踏み切れない。特に日本においては、中高年男性を「キモい」などと称しても咎められません。いくらジェンダーフリーの重要性やルッキズムの排除が叫ばれても、ここは変わらないようです。だから余計に〝冒険〟できない雰囲気があります。

しかしこの作品は、そんな社会に異論を提起します。これをきっかけとして、独身高齢者が自由に恋愛できる空気感が生まれたらいいなと思います。

六〇歳を過ぎたら身軽になろう

少しこってりした話題が続いてしまったかもしれません。次にご紹介したいのは、肩の荷がふっと軽くなるような一冊です。

「島耕作」シリーズや『黄昏流星群』などの作品で知られる**弘兼憲史**さんは、ここ数年、自らの経験をもとに中高年層向けの啓発書を数多く出されています。『**増補版　弘兼流60歳からの手ぶら人生**』（中公新書ラクレ）もその一冊。

メインの主張は、「六〇歳を過ぎたら身辺整理を始めましょう」ということだと思います。章のタイトルを見るだけでも、「第1章　持ち物を捨てる」「第2章　友人を減らす」「第3章　お金に振り回されない」「第4章　家族から自立する」「第5章　身辺整理をしたその先に」と、どんどん身軽になることをすすめていることがわかります。

たとえば第1章では、「持ち物を半分にしよう運動」を始めたとのこと。「スーツを捨ててオシャレを楽しむ」とか「名刺と一緒にプライドも捨てる」とか。だいたい中高年は持ち物が多いので、一気に捨てることができたらさぞかし気持ちがいいでしょう。弘兼さんがその背中を押してくれるかもしれません。

また第2章では、「本当に信頼できる友がひとりいればいい」とか、「年賀状、中元・歳暮はやめる」とか。要は、人に囲まれる生活から一人でいることを楽しむ生活へチェンジしようということです。別に友人・知人が多いからといって、幸せとは限らない。

むしろ気を遣う場面が増えたり、自分の時間を奪われたり等々、マイナス面も多い。ならば仕事上の関係も含め、少し整理しましょうと。このメッセージには共感される方が多いのではないでしょうか。

第3章のお金については、事情は人それぞれ異なると思いますが、生活の「サイズダウン」を提案しています。「お金を無闇に増やそうとするから損をする」と投資詐欺などへの警戒を呼びかけ、「分相応のお金がある」「子どもや孫にお金は残さない」「使いきって死ぬ」等々、いかにも弘兼さんらしいシンプルな考え方を披露しています。

寿命が伸びているので、老後資金を確保するのは以前より大切です。そのうえで、人生の質を高めるようなお金の使い方をしたいものです。

お金の使い道としては、第5章で料理やゴルフ、旅行などをすすめています。特に料理はボケ防止にいいそうです。あるいはカルチャーセンターに通ったり、語学を学んだり等の勉強もいいとのこと。ただし、「勉強で使った脳は何も考えない時間で休ませる」とも述べています。脳を疲れさせないために、夜中にCSで放送している映画の中からもっともつまらなそうなものを選び、お酒を飲みながら寝落ちするのが日課なのだそうです。たしかに楽しそうです。

いずれにせよ、身軽になることは寂しさを感じることでもあります。持ち物も減る、友人も減る、お金も減る、家族とも距離を置く。それでも前向きに生きられるようなメンタルをつくろうということだと思います。

実はこれは、仏教の始祖であるブッダの思想に通じるものがあります。いろいろなものを削ぎ落としていくと、最後に「独りの自分」が残る。「犀の角のようにただ独り歩め」は有名な教えです。

ただし一人だからといって、誰とも関わらないような、仙人のような暮らしがいいというわけではありません。ある種の理想像を挙げるなら、江戸時代の僧・良寛のような生き方ではないでしょうか。

生涯寺を持たずに各地を放浪し、人生後半は故郷の越後に戻って草庵のような場所に落ち着きます。すべてを削ぎ落としたような暮らしでしたが、孤独な隠遁生活だったわけでもない。近所の子どもたちと遊ぶことを何よりの楽しみにしていたようです。それは、以下の歌からも窺えます。

〈この里《さと》に　手《て》まりつきつつ　子《こ》どもらと　遊《あそ》ぶ春日《はるひ》は　暮《く》れずともよし〉

また最晩年には、最愛の弟子である貞心尼と心を通わせ、看取られながらこの世を去ります。

孤独を恐れるのではなく、ときどき人と交流しつつ一人の時間を味わうという、いわば「単独者」という生き方をめざすのも悪くないと思います。

なお弘兼さんは同書の後、**『弘兼流　70歳からのゆうゆう人生』**（中公新書ラクレ）という本も出されています。後期高齢者に近づいたご本人が、前著をさらにアップデートしたような内容になっています。社会の高齢者に寄せるイメージとは裏腹に、いっそう自由で快適な暮らし方を探っている様子が窺えます。

高齢女性が主人公のマンガがあってもいいじゃないか

マンガの世界では、元気な高齢女性が主人公の作品が少なからずあるようです。それを紹介しているのが、マンガ研究者・トミヤマユキコさんの『**女子マンガに答えがある**』(中央公論新社)。

女性向けのマンガといえば「少女マンガ」や「レディースコミック」のイメージがありますが、それらを「女子マンガ」と称して捉え直しているところがミソ。「絶望を知ってしまった少女たちが、現実を肯定し直すため」に読むのが「女子マンガ」なのだそうです。

そういうコンセプトの下、主人公を「おもしろい女」「たくましい女」「ハマる女」などいくつものテーマに分類して数多くの「女子マンガ」を紹介していますが、その中に「老いた女」があります。

最初に登場するのは、**松苗あけみ**さんの『**カトレアな女達**』とその続編にあたる『**女**

たちの都』。主人公は八重子さん（七二歳）、花苗さん（七〇歳）、つぼみさん（六八歳）の三姉妹です。

このうち長女と三女の二人は、「娘時代と変わらぬファッションに身を包」み、「いい男を見かけたら即座にナンパする」らしい。「後ろ姿は可憐な乙女でも、振り返ったらシワくちゃの老婆」というギャップで笑わせようとするシーンが何度も登場するそうです。

しかし、ここでも社会の固定概念に対して疑義を呈しています。

〈老婆がヒロインで何が悪い。老婆がおしゃれして何が悪い。老婆が恋愛して何が悪い。三姉妹の大暴れと開き直りを見れば見るほど、老婆はヒロインに相応しくないという偏見が自分の中にも眠っていたと気づかされ、申し訳ない気持ちになる。同作がやっているのは、敢えて妖怪じみた老婆を描くことにより読者の耳目を集め、みんなの信じている「当たり前」を引き出すだけ引き出しておいて、しかるのちぶっ壊すことだ。〉

私もマンガが好きで、これまで多くの作品を読んできましたが、たしかに七〇歳前後の女性が主人公の漫画というのは記憶にありません。その意味で、すごく新鮮な感じがします。

しかも、それを個人的な問題ではなく歴史の問題として提起しているところがおもしろい。トミヤマさんは指摘します。

〈「四十も五十も若い女なんかに負けちゃいられないわよ／あたしたち一番綺麗だった時代に国に戦争なんかされちゃったんだから／この世の楽しさを味わわないで死ねるもんですか！」……作中、こうした形で戦争への言及がなされることは、非常に印象深い。（略）三姉妹から言わせれば、戦後復興を遂げ華やかになっていく街を見ながら、聞き分けのいい老人として静かに暮らしていくなんてまっぴらごめんなのだ。華美な服装や派手なメイクを、個人的な趣味の問題として片付けられたんじゃ、やってらんないのである。〉

戦後から平成にかけて活躍された詩人・茨木のり子さんの有名な作品に、「わたしが一番きれいだったとき」があります。一〇歳代半ばのころに戦争が始まり、街は破壊され、多くの人が亡くなり、敗戦によってアイデンティティも失い、新しく入ってきたジャズに混乱する。そんな当時の様子を朴訥《ぼくとつ》と歌った作品です。

しかし、けっして絶望していたわけではありません。最後は「だから決めた　できれば長生きすることに」と前を向いています。三姉妹の心境も、茨木さんとまったく同じだったのでしょう。

また同書では、**鶴谷香央理**さんの『**メタモルフォーゼの縁側**』も紹介しています。こちらは、七五歳の女性がＢＬ（ボーイズラブ）を通じて一七歳の少女と仲良くなるという設定です。

ただし、主人公はけっして先の三姉妹のようにエキセントリックなわけではありません。ごくふつうの、どこにでもいそうな高齢女性の一人として描かれています。裏を返せば、ＢＬに関心を持つのは若い女性だけではない。高齢女性でもふつうに少女性があり、好奇心や願望を持っているということです。それでいいじゃないかというのが、トミヤマさんの主張です。

なお同書では触れていませんが、高齢者が主人公のマンガといえば、個人的に強く印象に残っているのは一九八二年に刊行された『**絶対安全剃刀　高野文子作品集**』（白泉社）の中の一編、「田辺のつる」です。認知症の八二歳のおばあさんが、気持ちだけ少女に戻ってしまうお話です。

しかもその姿が、おかっぱ頭の少女として描かれている。おばあさんの主観をベースにしているわけですが、年齢に関係なく、人間はこういう感覚を持ち続けるものなんだなという気がします。それを社会通念や先入観で「おかしい」と言うほうがおかしいのかもしれません。

ライフハック読書術①

短編集で作家の力量を問う

一人の作家を短期集中的に読み続けるなら、長編小説の前にまずは短編小説を読んでみることをおすすめします。そもそも短編には、作家の力量が表れます。これがおもしろければ他の作品も期待できるし、つまらなければ早々に見切りをつけたほうがいい。そういう〝お試し品〟としての役割も果たしてくれるわけです。

それに、とりあえず一冊あれば、必然的に一人の作家の複数の作品を読むことになります。

短編だからといって、かならずしも内容が浅いとか薄いといったこともありません。ずっと印象に残るような、深い作品も数多くあります。

そして何より「短い」ということが、今日のスピード社会に合っています。せいぜい数十ページ、最短なら二〜三ページで完結するものもあるし、登場人物も比較的少ない。短い分だけ〝オチ〟もしっかりしているし、そこに行き着くまでの道程もだいたい一直線です。長編小説のように、「以前読んだ部分を忘れた」「これは誰だっけ」と迷子になることも滅多にありません。

短編集は、かならずしも収録されている全作品を読む必要はありません。この気楽さも、大きなメリットでしょう。ページをパラパラとめくり、おもしろそうな描写や会話を見つけたら、その作品から読んでみる。二～三作でも気に入った作品があれば、選んだ価値はあります。

もちろん、余勢を駆って別の作品を読んでもいい。音楽CDで言えば、さながら〝ボーナス・トラック〟のようなものです。読めば読むほどお得感が増すでしょう。

たとえば**村上春樹**さんの『**中国行きのスロウ・ボート**』（中公文庫）は、私も大好きな短編集です。表題作の他、「午後の最後の芝生」などもいい。特に大きな事件が起きるわけではないのですが、一つ一つの作品が心に残るのです。

あるいは**ジェフリー・ディーヴァー**の『**クリスマス・プレゼント**』や『**ポーカー・レッスン**』（いずれも文春文庫）のような短編集も読みやすいと思います。いずれも納得の行くしっかりした〝オチ〟も付いています。

オチといえば**O・ヘンリー**の作品集（岩波文庫ほか）は、オチがありつつ、古き良き時代の香りも感じさせてくれる名編ぞろいです。短編の名手・**阿刀田高**さんの『**ナポレオン狂**』（講談社文庫）などはちょっとドキドキします。エッセイも空気を変えてくれます。**須賀敦子**さんのエッセイは河出文庫で全集として出ています。

短編作品は、たとえば電車に乗っている間とか、ラーメン店でラーメンを待つ間など、こま切れの時間を費やすのにちょうどよい。

短いからあっという間に読み終えられるし、毎日読んでいるから安心感も生まれる。ふと現実を離れて心を軽くすることもできる。いささか手前ミソですが、これこそ現代人と短編小説との理想的な付き合い方ではないでしょうか。

ライフハック
読書術②

本を買ったらただちに喫茶店へ

「読みたい」というモチベーションがもっとも高まるのは、その本を買った直後のはずです。

そのチャンスを逃す手はありません。だから喫茶店なりカフェなりに入り、パラパラとめくって〝欲望〟を満たせばいい。

それはちょうど、獲った魚を新鮮なうちに捌《さば》くような感覚です。本は腐りはしませんが、買ったまま放置する、いわゆる「積ん読」は危険です。いつしか「読みたい」というモチベーションも消え、やがて書棚の奥に収まり、買ったことすら忘れてしまうかもしれません。

では、喫茶店で本をどう捌くか。小説はゆっくり読むのもいいので、たとえば新書や情報系の本。おすすめは、一冊につき二〇分、と時間を区切ることです。パラパラとめくりながら、おもしろそうな部分に目星をつける。だいたい何が書いてあるかを把握する。できればその内容を人に説明できるようにする。この程度の作業なら、二〇分もあれば十分でしょう。三冊買ったとすれば、だいたい一時間で終わることになります。

ここまでやっておけば、次に自宅などでその本を開くとき、さっと世界に飛び込めます。どこが必要かわかっているので、その部分を詳しく読むことで、効率的な読書ができるわけです。

この作業は〝イベント〟にしないほうがいい。むしろ日常生活の一部として、習慣化することをおすすめします。たとえば週に二回ほどのペースで実践すれば、脳が強烈に鍛えられ、知的好奇心が俄然促進されるはずです。世の中に対するアンテナの立ち方が鋭くなり、もっと多く読んでみたいと思うようになるでしょう。

最初のうちは、疲れるかもしれません。しかしやがて、それが快感に変わります。読書はさながら「知のトレッキング」のようなものなので、ある程度慣れてくれば、知力・体力のペース配分もわかるようになって、疲れを感じなくなります。それだけ頭が鍛えられたということです。

かの偉大な哲学者ショーペンハウエルに言わせると、「読書は怠惰な行為だ」となります。

あるいはニーチェも「読書する怠け者を憎む」などと言っています。古今東西の貴重な知見を、「本を読む」という行為だけで獲得できるわけで、たしかに賢者たちの怒りはもっともでしょう。

しかし「怠惰」とは、「進化」の裏返しでもあります。パソコンやスマホの台頭で、私たちの暮らしと仕事はある意味でずいぶん怠惰になりました。

読書を「怠惰」と感じる境地に達するかどうかはともかく、まずは「疲れない」という領域に達してみると、私たちも賢者に一歩近づけるかもしれません。

内容を人に話すアウトプットはモチベーションになります。

2章

あなたも「老賢者」になれる

忘れられた「老賢者」

独自の民俗学の境地を切り開いた**宮本常一**の代表作『**忘れられた日本人**』（岩波文庫）は、戦前から戦後にかけて、宮本自身が全国各地を渡り歩き、その先々の人々の暮らしをつぶさに観察した記録です。

おもしろいのは、それぞれの集落にたいてい老賢者のような存在がいること。たとえば住民の間で意見が分かれたとき、最終的な判断を求められるのがこの老賢者だったりするわけです。

それも英断を下すというより、全員の意見を丁寧に聞いたうえで、それぞれ納得できるような落としどころを見つけるというのがパターン。けっして権力者や独裁者ではなく、全員の世話役・とりまとめ役のようなイメージでしょう。その意味では、地域における民主主義の象徴的な存在とも言えます。

もちろん、高齢であれば誰でもその地位に就けるわけではありません。いわゆる「老害」とは対極的に、まず人の意見を聞く耳を持つこと。そしてもう一つ、長く生きてきた分の経験や知識を後世に伝えられることも重要な条件だと思います。

たとえば東日本大震災のとき、その前の明治三陸地震（一八九六年）、昭和三陸地震（一九三三年）、チリ地震（一九六〇年）の大津波の後に、それぞれ「地震が来たら油断するな」「ここまで避難しろ」「ここより低い場所に家を建てるな」などと記された石碑が各地に建てられていたことが、あらためてクローズアップされました。青森・岩手・宮城の三県だけで、その数は合計三〇〇以上にものぼるそうです。

具体的に誰が建てたのかはわかりませんが、苦い経験をした数多くの先人たちが、遠い子々孫々に至るまで教訓として伝えたかったのでしょう。口伝えでも紙の文書でもなく、わざわざ石碑に刻んだところに、使命感の大きさを感じます。これこそ老賢者の役割だと思います。

ただ現代において、老賢者の存在感は希薄です。そもそも地域のコミュニティが昔ほど強くないし、老賢者の判断を仰ぐ前に行政のルールや法律によって決められることも多いでしょう。

その反動なのか、老賢者を求める姿勢はマンガやアニメの世界でしばしば見られます。たとえば**鳥山明**さんの世界的人気マンガ『**ドラゴンボール**』（集英社）に登場する亀仙人。さまざまなトレーニングで孫悟空を鍛えるわけですが、孫悟空はそのトレーニングの意味がよくわかっていなかったりします。しかし言われたとおりに鍛えてみると、驚異的な力がついている。だから亀仙人にしたがっていれば間違いない、となるわけです。

周知のとおり、亀仙人はたいへんな女好きで、常にサングラスをかけ、好物は宅配ピザという独特のキャラクターです。一方、トレードマークになっている甲羅はかなりの重量があり、それを背負うことで足腰を鍛えているらしい。こういう老賢者が近くにいたら、さぞかし刺激を受けるだろうという気がします。

実際、かつて武道の世界には、老賢者と呼ばれるような達人がけっこういました。「柔道の父」と称される嘉納治五郎《かのうじごろう》は、柔道の枠を超え、最終的には貴族院議員として日本のスポーツ界全体を牽引しました。幻のオリンピックとして知られる、戦前の東京オリンピック招致活動に尽力したことでも知られています。また合気道の創始者である植芝盛平《うえしばもりへい》が、その一般への普及に注力し始めたのは六〇歳を過ぎてから。自ら各地を飛び回り、公開演武や指導を行ったそうです。

嘉納治五郎『嘉納治五郎　私の生涯と柔道』（日本図書センター）や植芝盛平の語録『合気神髄　合気道開祖・植芝盛平語録』（八幡書店）、『武産合氣《たけむすあいき》　合気道開祖・植芝盛平先生口述』（白光真宏会出版局）には、精神の香気が感じられます。

世の中は理論や技術がどんどん進化しているので、老賢者の言うことがいつまでも正しいとは限りません。しかし精神の部分については、おおいに学ぶべき点があるでしょう。それを学んだ人が、やがて老賢者となってそれを後進に伝えていく。どれほど時代が変わっても、この循環がある組織や地域は強いはずです。

老木にも「花」は残る

日本史を振り返れば、有名無名を問わず、それぞれの時代の地域や集団に「老賢者」はたくさんいたと思います。今日の能の源流をつくった猿楽師の観阿弥《かんあみ》は、間違いなくその一人でしょう。

室町時代、**観阿弥・世阿弥**の父子は猿楽の一座を率いて活躍しました。息子の世阿弥はたいへんなインテリで、芸にまつわる理論書を都合二一冊も書き残しています。その最初の一冊が、有名な『**風姿花伝**《ふうしかでん》』（岩波文庫ほか）です。

書かれたのは一五世紀初頭ですが、存在が広く一般に知られるようになったのは二〇世紀に入ってから。いわゆる「一子相伝」の「秘伝書」でした。室町時代は多くの座が立ち上がり、貴族や武家の庇護を求めて激しく競い合っていました。観阿弥・世阿弥による観世座もそのうちの一座です。だからライバルに差をつけるため、芸の奥義を〝社外秘〟にしたわけです。

世阿弥の言葉で有名なのは、「初心忘るべからず」という言葉でしょう。しかしよく出てくるキーワードとして重要なのは「花」。もちろん植物としての花ではなく、世阿弥はここに「人を惹きつける魅力的なもの」「珍しいもの」、もっと通俗的な言い方をすれば「売り」といった意味を込めたようです。やはり有名な「秘すれば花なり」とは、何もかも大っぴらにするのではなく、あえて隠すことで観客の興味を惹き、感動を呼び起こすという奥義です。

『風姿花伝』は、今日風に言えば全7章で構成されています。その第1章「年来稽古条々」では、能楽師の人生を年齢ごとに7つの段階に分け、それぞれどういう稽古をすべきかを説いています。

その最終段階は「五十有余」。今の感覚から見ればずいぶん若いですが、そこで述べているのは「老い木の花」にまつわる話です。

〈この比《ころ》よりは、大方《おおかた》、せぬならでは、手立《てだて》あるまじ。「麒麟《きりん》も老《お》いては駑馬《どば》に劣《おと》る」と申す事あり。さりながら、誠に得たらん能者《のうしゃ》ならば、物数《ものかず》はみな〳〵失《う》せて、善悪見所《みどころ》は少《すくな》しとも、花は残るべし。〉

五〇歳を過ぎたあたりになったら、もう伸びしろはないというのが一般的な見方。しかし本当の達人なら、見どころは少なくなっても花は残る、と説いているわけです。

これを書いた当時、おそらく四〇歳前後だった世阿弥がこう断言できたのは、父親の観阿弥が五二歳で亡くなる直前、静岡の浅間《せんげん》神社で見事に舞った姿を目の当たりにしたからです。

〈その日の中楽《さるがく》、殊《こと》に花《はな》やかにて、見物の上下、一同に褒美《ほうび》せしなり。およそ、その比《ころ》、物数《ものかず》をば早《は》や初心に譲《ゆず》りて、やすき所を少《すく》なく〳〵と色へてせしかども、花はいや増《ま》しに見えしなり。これ、誠に得たりし花なるが故《ゆえ》に、能は枝葉《えだは》も（少く）、老木《おいき》になるまで、花は散らで残りしなり。これ、目《ま》のあたり、老骨《ろうこつ》に残りし花の証拠なり。〉

いろいろ削ぎ落として激しい動きはしなくても、むしろ花は増えていたと。これは長年の鍛錬によって身につけた花だから、老木になっても散らずに残ったということです。

若いうちは元気な分、派手な動きで客を惹きつけることができます。しかしそれは若いときだけの「時分の花」であり、いつまでも咲いているものではない。だから芸を磨き、年齢を重ねても咲くような真の花を持たなければいけないし、またそれは可能であるというわけです。

そして「老賢者」の地位は観阿弥から世阿弥に受け継がれ、『風姿花伝』やその後の『花鏡《かきょう》』のような著作になって今日にまで伝えられている。この父子がどれほど偉大な存在かがわかります。

舞台はまったく違いますが、先日、テレビのある深夜番組にバリ島の踊りの名人の方が出演していました。かなりの高齢ながら、その踊りはキレがあって美しい。これを後世に伝えるために生きているんだ、と強調されていました。そういう姿勢こそが「花」になるのでしょう。

ちなみにこの名人の妻は日本人で、たまたまバリ島を訪れていたところ、名人のお父さんに見初められたそうです。お父さんは名人に「この女性と結婚しなさい」と指示。お父さんの教えは絶対に守らなければならないそうで、名人は数年かけて何度も日本に渡り、妻の両親を説得したとか。今はたいへん幸せそうに暮らしているので、お父さんの目に狂いはなかったということでしょう。

それはともかく、一度身につけた芸というものは、年齢を重ねても残るのです。目の動きとか手のキレとか、それによって表現される自信とか使命感とか。老いたからといって、枯れるばかりではありません。日本の芸道が誇る六〇〇年前の「老賢者」による秘伝書から、そんなメッセージを感じ取ってみるのもおもしろいのではないでしょうか。

偉大な経営者の「伝記」で感化されよう

老賢者モノといえば、経済関連の偉人の自伝や伝記もおもしろいと思います。

たとえば**本田宗一郎**なら、『**得手に帆あげて**』（知的生き方文庫）という著書の他、多数の書き手による評伝があります。私も一〇冊以上は読んだと思いますが、そこに書かれた本田の言葉は、いずれもイキイキとして迫ってきます。その生涯自体が大きなドラマだったと言えるでしょう。

あるいは、日本を代表する経営者として、しばしば本田と並び称される**松下幸之助**の著作も数多くあります。経営理念のみならず、松下の生きた高度成長時代の熱さや、松下の人間観や人生論まで知ることができるでしょう。

関連本があまりに多いため、かえって選びにくいかもしれませんが、一冊だけ挙げるとすれば『**松下幸之助　成功の金言365**』（PHP研究所）がいいでしょう。文字どおり松下の言葉を三六五日分そろえたもので、一年がかりで丸一冊読み終えることができるわけです。

しかも、さすがに松下の「金言」だけに、それぞれの言葉に含蓄があります。それに月ごとにテーマが分かれているので、まとまった知見として受け止めることもできます。一日に一つずつ噛み締めていけば、きっと一年後には気分だけでもたいへんな〝大物〟になれるでしょう。

学ぶべきは、日本の経営者からばかりではありません。私がかつて読んで感銘を受けたのは、『**カーネギー自伝**』（中公文庫）です。「鉄鋼王」となった後、事業会社を売却した資金でカーネギーホールやカーネギーメロン大学をつくったことで知られるアンドリュー・カーネギーですが、もともとは一介の電信技師にすぎませんでした。そこからどんどんスケールアップしていく姿は、まさにアメリカンドリームそのものです。

それも単にラッキーだったとか、ビジネスが上手かったというレベルではありません。骨格として公共心があり、勤勉さがある。またそういう個人に報いるアメリカ社会がありました。おかげで、たいへん爽快で前向きな気分にさせられます。

「ナポレオン」「カエサル」の言葉を聞ける幸せ

伝記を読むなら、創業者や経営者のみならず、いっそ世界を動かしたような偉人たちのものもおもしろいと思います。

たとえば**『ガンジー自伝』**（中公文庫）や**『ダライ・ラマ自伝』**（文春文庫）、**『自由への長い道　ネルソン・マンデラ自伝』**（NHK出版）などを読むと、現代がどういう時代かがよくわかります。過酷な状況を生き抜いた彼らから、背中を押される気にもなるでしょう。

あるいは、この手の伝記の定番といえば、**『ナポレオン言行録』**（岩波文庫）と**カエサル**の**『内乱記』**（講談社学術文庫）、**『ガリア戦記』**（岩波文庫）あたりです。彼らの発する言葉は、さすがに一つ一つの重みが違います。あの世界史の英雄であるナポレオンやカエサルの著したものを今日の私たちが読めること自体、考えてみればすごいことではないでしょうか。

ローマ時代といえば、ローマ皇帝**マルクス・アウレリウス・アントニヌス**の『**自省録**』(岩波文庫)は、人生の指針を与えてくれる金言ぞろいです。

また、古今東西、世に名を残した人は、たいてい大きな失敗も経験しています。そこからいかに立ち直ったかは、私たちにも参考になるし、励まされるはずです。

それに、今日では誰もが認める偉人であっても、存命中はかならずしも高く評価されなかったり、晩年に失意の底に沈んだまま世を去った人も少なくありません。儚《はかな》いのも人生、と教えてくれます。

たとえば昭和恐慌時の大蔵大臣・**高橋是清**。結局、二・二六事件で暗殺されることになりますが、その人生はまさに「事実は小説より奇なり」のことわざがピタリと当てはまるほど、波瀾に満ちていました。

そのあたりの事情は、『**高橋是清自伝**』(中公文庫)をはじめ、多くの評伝や小説に記されています。こういうものを読むと、素直に「自分はまだまだ甘いな」「小さなことでグダグダ言っている場合ではないな」と思えるのではないでしょうか。

「資産運用」をバフェットに学ぼう

経済人の紹介が続きましたが、およそ老賢者たる者、お金との付き合い方においても賢くなる必要があります。老いてなお散財するようでは周囲から心配されるし、かといってケチケチするのもみっともない。適度に豊かに暮らし、若い人の手本になるような金銭感覚を持つことが理想的だと思います。

ただし定年を過ぎると、多くの場合、収入は減ります。貯蓄や年金で問題なく過ごせればいいのですが、一方で老後に向けて不安に思われている方も多いでしょう。まして昨今は数十年ぶりにインフレ傾向が強まっているので、貯蓄や年金だけでは目減りするばかり。もはや安泰とは言えないかもしれません。

そこで考えるべきなのが、お金にも働いてもらうこと。つまり投資による資産運用です。少し前に世界的なベストセラーになった『**21世紀の資本**』（トマ・ピケティ著、山形浩生・守岡桜・森本正史訳、みすず書房）が明らかにしたのは「r＞g」。rは資本収益率、

gは経済成長率を意味します。端的に言えば、働いて得る給料より、投資による利益のほうが効率がいいということです。

このままでは、資本家にばかり富が集中してしまう。だから「富裕税」を導入して富を再分配しようというのが、この本の主張です。それはそれでいいのですが、個人のレベルで対処できることと言えば、やはり貯蓄の一部を投資に回して自己防衛を図ることでしょう。

とはいえ、これこそ勉強が必要な分野だと思います。金融商品は多々ありますが、それぞれリスクもあります。中には高金利を謳った怪しいものもあります。まずはある程度、金融リテラシーを身につけること。今は投資ブームでもあるので、そのための本は書店に行けばいろいろ選べるでしょう。

しかし勉強だけではおもしろくない。投資の現場とはどういうものか、〝先人〟の話を聞くと勘どころがわかるし、ある意味で夢も膨らみます。ならば、この世界で当代随一の老賢者ウォーレン・バフェットの門を叩くのが一番です。

たとえば**『マンガでわかる　バフェットの投資術』**（濱本明総監修・ちゃぼ漫画、

standards）は、大物投資家として知られるバフェットの生い立ちから投資理論、それに株に関する基礎的な知識までざっくりと説明しています。

この本でも紹介していますが、バフェットで有名なのは一九六四年にアメリカン・エキスプレスの株を大量取得した件です。当時、同社は詐欺被害に遭って株価が暴落していました。しかしバフェットは、同社の社会的な信用そのものは失われていないと判断したわけです。

結局その読みどおり、株価は急回復し、バフェットは大儲けすることになりました。ただし、すぐに売って利益を確定しないのもバフェット流。ＣＥＯを務める持株会社バークシャー・ハサウェイは、今でも同社の筆頭株主です。

バフェットは若いころ、コロンビア大学のビジネススクールで投資や会計学について徹底的に学びました。それが、後年になっても判断の土台になっているそうです。一方、日本人の場合、投資や資産運用について学ぶ機会は限られています。だから要領がわからないし、怖いと感じるのも当然かもしれません。

これから学ぶとすれば、いろいろ手を出すのではなく、自分の得意領域のようなものをつくるのがいいのではないかと思います。たとえば今まで勤めてきた業界についてなら、トップ企業がどこで、ライバル企業がどこで、これから伸びそうな会社はどこか、だいたい頭に入っているはずです。それをもとに財務関係の資料を調べたり投資指標を見たりすれば、とりあえず落ち着いて投資できるのではないでしょうか。餅は餅屋、というわけです。

かの**福沢諭吉**も、**『学問のすゝめ』**（岩波文庫ほか）で、「相場を知る」ことの大事さを訴えています。

〈我邦《わがくに》の古事記は暗誦すれども今日の米の相場を知らざる者は、これを世帯の学問に暗き男と言うべし。〉

「米の相場」はほんの一例で、要するに世事や実務に精通しなければ学問をしたことにはならない、というわけです。なかなか厳しい言葉ですが、相場を知ることは投資に不可欠。ただ中高年になってから始めても遅くはないはずです。むしろ日々のちょっとした楽しみの一つに加えるぐらいで、ちょうどいいのではないでしょうか。

若い人はなぜ安西先生の言葉に惹かれるのか

マンガ・アニメの世界の老賢者といえば、**井上雄彦**さんの大ヒット作『**スラムダンク**』（集英社）における安西光義先生が代表格でしょう。

主人公の桜木花道らが所属する湘北高校バスケットボール部の監督で、推定年齢は六〇歳以上。かつて大学チームの監督だったころは「白髪鬼」と呼ばれる厳しい指導者でしたが、ある出来事を機に転換し、今は「白髪仏」と呼ばれるほど温厚で選手たちからも慕われています。

何より魅力的なのは、しばしば発せられる〝名言〟の数々。とりわけ有名なのが「あきらめたらそこで試合終了ですよ」でしょう。主要メンバーの三井寿が中学生のとき、県大会決勝で敗色濃厚となってあきらめかけていた矢先、コート脇からかけられた言葉です。三井はこれを聞いて発奮し、決勝シュートを決めるわけです。またこれをきっかけとして安西先生に心服し、湘北高校への進学を決めました。

ところが入学後、三井は怪我をして自暴自棄になり、不良仲間とともにバスケ部を潰そうと体育館に乱入しますが、逆に桜木たちから返り討ちに遭います。そこに現れたのが安西先生。三井が涙ながらに「バスケがしたいです」と訴えるシーンは、全編中でも屈指の名場面と言われています。

あくまでも高校バスケ部の面々が中心の青春物語なので、安西先生は脇役です。しかしもし存在しなければ、ずいぶん寂しい感じになっていたと思います。安西先生という錨《いかり》のように落ち着いた大人がいるから、自由奔放な高校生ばかりでも場が締まるのです。これも老賢者の役割でしょう。

しかも、安西先生は温厚なだけではありません。桜木をはじめとしてメンバー個々人の才能を見抜き、最大限引き出すように指導していくわけです。それも目先の試合に勝つためというより、もっと先の高校卒業後の人生まで見据え、的確なアドバイスを送っているように見えます。架空のキャラクターではありますが、指導者としてたいへん立派な姿勢だと思います。

こういう指導者は現実にも存在します。今や日本球界を代表する投手の一人になった千葉ロッテマリーンズの佐々木朗希投手は、大船渡高校時代、最後の夏の県大会決勝戦に登板せず、チームは敗戦。これが物議を醸しました。

佐々木投手は当時から突出した逸材で、登板していれば勝てたかもしれません。勝てばもちろん、甲子園に行けたわけです。しかし同校の國保陽平監督は、もっと先を見ていた。ゆくゆくはプロとして活躍できる選手だから、高校の時点で無理をさせてはいけないと考えたそうです。佐々木投手本人は悔しい思いをしたでしょうが、今から振り返ればたいへんな慧眼だったと思います。

考えてみれば、多くの大選手のそばには老賢者的な偉大な指導者やコーチがいました。メジャーリーグを席巻している大谷翔平選手にプロでの二刀流をすすめたのは、日本ハムファイターズ時代の栗山英樹監督です。

また古くは、王貞治さんに一本足打法を指導した荒川博コーチも有名でしょう。自宅の天井から垂らした紙を日本刀の真剣で斬るという独特の練習が話題になりました。野球というより武術の練習に近かったわけですが、王さんにはその方法が合っていたのでしょう。八六八本というホームランの世界記録が今も日米で破られていないことこそ、その何よりの証拠です。

物語に安心感をもたらす老賢者たち

松本大洋さんのマンガ『ピンポン』（小学館）にも、老賢者が登場します。

主人公は卓球に情熱を注ぐ高校生のペコとスマイル。ペコは積極的な性格だけどいい加減なところがあり、スマイルは過去にいじめられた経験から笑うことが少ないというキャラクターです。

二人は幼馴染で心の底では信頼し合っていますが、関係性が変化していく。挫折を乗り越えて成長していく青春物語ですが、それぞれにアドバイスを送る老賢者が登場します。スマイルには六〇歳超の卓球部顧問の小泉丈先生。かつては「バタフライジョー」と呼ばれた名選手で、スマイルに才能があることを見抜いて徹底的に鍛えます。そのあまりの厳しさにスマイルは逃げ出しますが、結局は戻ってきて二人三脚で上位をめざします。

一方、調子を落としていたペコは、街の卓球場のオババというおばあさんから指導を受ける。やはり猛特訓を受けて再生を果たすわけです。

この作品を読んでいると、私は心が温かくなってくる気がします。こうやって若い人の成長をサポートできる高齢者というのは、たいへん魅力的です。まさに老賢者として振る舞っているわけで、中高年になると誰でも憧れるのではないでしょうか。

作品としても、老賢者が登場するものは深みが増します。象徴的なのが、映画「**スターウォーズ**」シリーズにおけるヨーダでしょう。年齢不詳ながら、超人的な高齢であることは間違いありません。それに剣術も「フォース」の使い手としても超一流。何かにつけて絶対に間違わないという安心感があります。

あるいは文学界の最高傑作とも評されるガルシア＝マルケスの長編小説『**百年の孤独**』（新潮社）には、メルキアデスという人物（途中からは亡霊）が登場します。古代ギリシャの数学者アルキメデスをもじった名前の老ジプシーで、物語の舞台となる架空の村マコンドにさまざまな文明の利器をもたらします。

そればかりではなく、村のピンチを救ったり、主人公たちにアドバイスしたり。そして最終的に、実はこの物語全体のキーパーソンだったことに気づかされます。現実と虚構が入り混じった独特な世界観の中で、この老賢者の存在感が光ります。

X（旧ツイッター）は老賢者を求めている

若い世代にとって、老賢者の言葉はたいへん〝刺さる〟ものらしい。『スラムダンク』の安西先生にしろ、『ピンポン』の小泉先生にしろ、若い読者ほど「好き」という人が多いようです。

しかし高齢者の場合、そろそろ〝刺さる〟側は卒業する必要があります。賢者になれるかどうかはともかく、逆に若い人にアドバイスを送る側に回るほうが自然でしょう。

もちろん、無理に名言を吐こうとするのは失敗のもと。歯の浮いたようなセリフは白々しく聞こえるだけです。自分の経験や知識をもとに、どれだけ地に足のついた、しかも若い人に有益な話ができるかが大事です。

参考になるのがX（旧ツイッター）です。私は以前、ある人から「**志茂田景樹**さんのツイッターがおもしろい」とすすめられました。まず驚いたのはフォロワー数で、すでに四二万人を超えています（二〇二三年九月現在）。頻繁に投稿されているのですが、内容は含蓄のある人生訓だったり、若い人の悩み相談に答えたり。まさに老賢者という感じです。

たとえば、以下のように書かれています。

〈ゆったりでいい。何を焦る、あわてるのか。時間は焦りも急ぎもしないだろ。正確に時を刻んで過ぎていく。時間が時を10刻んできみが1歩。それがきみのペースならそれでいいんだ。力がついて気づいたら時が10刻まれて2歩になっている。いいペースじゃないか。時間も喜んだろう。ゆったりの凄さを知ろう。〉

〈いつも元気に、か。そうありたいけれど、3日も元気が続いたら1日は不元気でいいんじゃないか。天候もそうだけどいつも晴れていたらコメもとれないだろ。人は不元気の日に心身の調整を行なっている。いつも元気に、は標語としてはいいけれど、本気でやったら必ず失速して大事になるよ。〉

最近、『**生きる力　83歳車いすからのメッセージ**』（エムディエヌコーポレーション）というエッセイも刊行されています。Xとも共通する特徴は、ご自身が困難を抱えながらも非常に前向きなこと、そして言葉が強めなことです。

そもそも高齢でこれだけ多く書き込む方は珍しいと思いますが、酸いも甘いも嚙み分けてきたからこその断定感がある。誰にも忖度《そんたく》せず、自信を持って発言している感じが伝わってくるのです。だから、いろいろ迷うことが多い若い人にも〝刺さる〟のでしょう。

言い換えるなら、ネット時代だからこそ、老賢者にも活躍する場があるということです。高齢者でもXをはじめ各種のSNSで発信することは可能。そこで「賢者」と呼ばれるかどうかはともかく、自身の知見に基づいて何か書き込んでみるのもおもしろいかもしれません。

あまり時事や政治などについて〝直言〟すると面倒なことになりかねないので、読んだ本の感想あたりがもっとも無難でしょう。自身用のメモ代わり、もしくは備忘録ぐらいの感覚でいいと思います。

たとえば手元のノートなどで読書日記をつけるとなると、誰も読む人がいないので、結局飽きてしまいます。しかしXなら一応公開することになるので、それなりに気を遣って書くようになります。見ず知らずの人が対象で、しかも基本的に短文なので、言葉を練る必要もあります。むしろ発信することを前提とすると、よりしっかり読もうというモチベーションにもつながるのではないでしょうか。

ポイントは、自分の経験や知識なども加味して書くこと。そうすると自分自身も忘れにくくなるし、もしかしたらその本に興味を持つ誰かの目に留まるかもしれません。本のタイトルなどキーワードにハッシュタグ（#）をつけると、興味を持つ人に発見されやすくなります。

老賢者への道は遠いかもしれませんが、今すぐできる楽しみの一つとして、また反応にもさほど期待せず、緩くチャレンジしてみるのもいいと思います。

老賢者への道は遠く

ここまでSNSでの発信を推奨するのは、実は私自身がちょっと前から本名でXへの投稿を始めたからです。もともとSNSにはいっさい関わらないと決め、LINEすらやっていなかったのですが、そう敬遠する必要もなかろうと考え直しました。

たとえば、以下のような文面です。

〈エレカシ宮本浩次さん作詞の「歴史」は、森鷗外の口語体の輝きは『渋江《しぶえ》抽《ちゅう》斎《さい》』で極限に達したという画期的な歌詞。歌詞に渋江抽斎！　小学生に伝えたい詞。抽斎の妻五百《いお》は狼藉者に短刀と熱湯で立ち向かった。鷗外のおかげで五百がこの世に刻印された。〉

Jポップの歌詞に「渋江抽斎」という固有名詞が登場すること自体、きわめて珍しいと思います。ただこの作品を読んだことのない若い人は多いでしょう。そこでどういう作品なのか、かつて読んだ一人としてコメントしたくなったのです。

こう発信したところ、エレファントカシマシの熱いファンの方々から多くの反応をいただきました。少々ながら「バズった」わけですが、後にも先にも反応がよかったのはこのときだけです。

あるいはヨルシカの「だから僕は音楽を辞めた」という曲があります。なかなか挑発的な歌詞で、とりわけ印象的なのが「あんたのせいだ」と迫ってくる一節。聞く側としては一瞬怯んでしまうような怖さがありますが、私にとってはある種のデジャブでもありました。太宰治の小説「女生徒」の終盤に、同じようなセリフが出てくるのです。

そこで私は、こう発信しました。

〈ヨルシカの名曲「だから僕は音楽を辞めた」を一曲聴きながら20の問いを立てる課題は刺激がある。「あんたは誰か」とか。「あんたのせいだ」にドキッとする。太宰治『女生徒』に「きっと、誰かが間違っている。わるいのは、あなただ。」と突

然出てくる。〉

これも「渋江抽斎」ほどではありませんが、そこそこの反応をいただきました。

いずれも、世の中で話題になっているものと私の経験や感覚とを結び付け、ちょっと角度の違う切り口や情報を提供できたらいいなと思っています。私なりの「老賢者トレーニング」とも言えるでしょう。

フォロワー数は数百人で志茂田先生には遠く及びませんが、やはり多少なりとも反応があるとうれしいので、これからも細々と続けていこうと思っています。

ライフハック読書術③

メリットを総取りする電子書籍と紙の本の使い分け

最近は電子書籍がずいぶん普及してきました。私もアマゾンのキンドル・アンリミテッドに登録しています。

そのメリットは、それほど読みたいわけではないがちょっと気になる、という本を簡単に、かつ大量に読めること。おかげで、一般的な書籍のみならず、漫画や雑誌まで含めて一日に一〇冊ぐらいは目を通しています。検索機能なども充実しているので、知りたい知識や情報をすぐに得ることができます。とりあえずこれだけ読んでいれば、世の中の関心事や流行から遅れることはないと自負しています。

それにスマホでは限界がありますが、ｉＰａｄやキンドルの専用端末などを使えば、文字をいくらでも大きくすることができます。よく言われることですが、視力が弱ってきた中高年にこそ使い勝手がいいかもしれません。

ただし、一冊の本をじっくり読むのであれば、今でも紙の本が圧倒的にいいと思っています。活字を目で追うだけではなく、本の重さ、厚さ、手触り、だんだんボロボロになっていく感じ、書棚に入った後の背表紙も、すべてが読書体験だからです。このほうが記憶に残りやすいことは明らかでしょう。それはちょうど、人と話すのにオンラインを使うか、直接会うかの違いのようなものだと思います。

それに、紙の本はしばしば絶版になり、入手が難しくなります。特にマンガはそうなので、その前に持っておきたいという個人的な願望もあります。

私は以前、好きなマンガを全巻そろえることに凝り、一部屋全部をマンガ図書館のようにしていたこともあります。ただあまりに量が増えたため、その後の引っ越しの際に泣く泣く多くを処分しました。

しかし最近、全巻そろえることに再チャレンジしています。たとえば**ちばてつや**さんの『**のたり松太郎**』とか**松本大洋**さんの『**ピンポン**』(いずれも小学館)とか、電子版はありますが紙の本としては入手しにくくなっている。**手塚治虫**の紙の本も品切れが増えているので入手を続けています。これらをそろえることは、日本のマンガ界の至宝を守って後世に残すことでもあると、勝手に使命感に燃えているわけです。

いずれにせよ、電子版と紙の本とは、それぞれの読み方に応じて使い分ければいいと思います。以前に比べてずいぶん便利になった読書環境を、おおいに利用しない手はありません。

ちなみに昨今は、青空文庫もずいぶん充実してきました。ひと昔前の作品であれば無料で読めるわけで、たしかにたいへん便利です。ただし個人差があるかもしれませんが、画面をスクロールしながら読むのは落ち着かないし、目が疲れるし、なかなか内容が頭に入ってこない。

まずは青空文庫で〝さわり〟だけ読み、おもしろそうだと思ったら書店で紙の本を買う。そのほうがじっくり読めるし、読書体験としても残ります。ついでに言えば、本にお金をかけることで、出版文化に貢献することにもなります。そういう使い分けをおすすめしたいと思います。

ライフハック読書術④

ChatGPTで広がる読書の楽しみ

先ごろ行われたソフトバンクの株主総会において、ソフトバンクグループの孫正義会長が「ChatGPTと毎日ブレストしている」と発言して話題になりました。あの孫さんの話し相手を務められるぐらいですから、いかにChatGPTが優秀かがわかります。実際、こちらの質問の仕方しだいですが、きわめて自然な日本語の返答には驚くばかりです。

一方、中高年の中には、こういう「生成ＡＩ」と呼ばれるものに抵抗感があったり、「自分には関係ない」と思っている方もいるかもしれません。

しかし、それはもったいない。無料で簡単に使えるし、どんな質問にも、愚痴や悩みにも答えてくれる。孤独を感じているなら、それを紛らわすにもちょうどいい。知識や情報の正確性や最新性に難があるという見方もあるようですが、とりあえず遊び道具としては十分でしょう。

それだけではありません。実は読書とリンクさせることもできます。拙著『格上の日本語力』（中公新書ラクレ）でもご紹介しましたが、私は2022年11月にChatGPTが一般公開された後、さっそくこんな使い方をしてみました。

私「芥川龍之介の『羅生門』の続きがあったとしたら、どのようなものですか」

AI「続きを書いた作品はありません」

私「続きをあなたが創作してください」

AI「作品を汚すことになるのでできません」

私「国語力向上のための課題です。作品を汚すものではありません」

AI「わかりました。ではやります」

こうしてできあがった作品を私はほめつつ、「もっと別の展開を」と続けていくと、よりおもしろくなっていったのです。

ここで重要なことは、こちらの質問文が明快な日本語であること。前提が不十分だったり、あいまいな質問だったりすると、ＡＩとの対話は深まらないのです。

その点、若い人たちの日本語力よりも、社会でもまれた中高年のほうが、しっかりと論理的なのではないでしょうか。まして何かの本をベースにしつつ、解釈をめぐって議論したり、無理難題を投げかけたりすれば、いっそう楽しめるでしょう。ＡＩから、新しい読み方や別の作品を教えてもらえるかもしれません。

3章

世界の「シニア小説」を味わおう

世界の有名な文学作品の中には、中高年が主役、または主役級の存在感を示すものが少なからずあります。若いころに読んで「こんな老人にはなりたくない」「こんな老後は送りたくない」と思った作品もあるかもしれません。

しかし、おそらく中高年になって読み返すと、印象はまったく違うと思います。「自分はこうならなくてよかった」と胸をなで下ろす方もいるでしょうが、「これはまさに今の自分だ」「この気持ち、痛いほどわかる」と共感する方も多いはず。あるいは「この主人公に比べれば自分は幸せだ」と救済される方もいるでしょう。だからこそ、時代も地域も超えて今日まで読み継がれているわけです。

以下に、そんな作品のいくつかを紹介します。

『リア王』――財産分与の難しさを描いた悲劇

いつのころからか、「キレる老人」がしばしば世間を騒がせるようになりました。

医学的に見ると、高齢化によって徐々に前頭葉の働きが弱まり、興奮や怒りのような感情にブレーキがかかりにくくなるそうです。受けないダジャレを言い続けたり、周囲の迷惑も顧みずに大きな声で話したりするのも同じ現象らしい。高齢者が増えたことで、そういう現場に遭遇する人も増えたのでしょう。

言い換えるなら、高齢者がキレるのは今に始まった話ではないということです。古典を繙《ひもと》けば、**シェイクスピア**の四大悲劇の一つである『**リア王**』はその典型です。

高齢になったブリテン王国のリア王は、三人娘のうち甘言を弄する上の二人に地位と財産を分与し、王のために直言する三女を勘当します。ところが二人によってリア王は追放され、放浪の身となって怒り狂うわけです。やがてフランス王妃になっていた三女に救出されますが、フランス軍はブリテン軍に敗北し、三女は獄中で処刑されます。その亡骸を抱き、慟哭しながらこの世を去るというのがラストシーンです。

まったく不条理な物語ではありますが、厳しい言い方をすれば自業自得。キレることさえなければ、もう少し冷静に対処できていたかもしれません。また周囲の対応も変わっていたでしょう。

私たちは、この物語を単なる悲劇として片付けるべきではない。「リア王のふりを見て我がふりを直す」必要があります。だから私は、かつて『**リア王症候群**《シンドローム》**にならない脱！不機嫌オヤジ**』（徳間書店）という本を書きました。リア王を「初老性キレキレ症」と診断し、同じ轍《てつ》を踏まないよう警鐘を鳴らしたのです。

特に高齢になると、判断力が弱ってくるので、誰が横につき添っているかが大きな問題になります。家族はもちろんですが、それ以外の人にお世話になることもあるでしょう。その人が本当にいい人なのかどうかを、まず見極める必要がある。またいい人なら、自分が大事にできているかどうかも省みたほうがいいでしょう。

こういう検証があれば、たとえば振り込め詐欺などに狙われたとき、冷静なアドバイスをもらえるはずです。

あるいは財産分与の問題もあります。特に使い道がないなら早く子どもに渡してしまおうと考える人もいるかもしれませんが、それを子どもがどう使うか、その後に自分をどう扱う気か、頭の片隅で想像してみたほうがいいと思います。子どもには子どもの家庭があり、生活があるので、「金の切れ目が縁の切れ目」にもなりかねません。

そういうことを自問するためにも、ある程度の年齢になったら、『リア王』を〝我がこと〟として一読することをおすすめしたいと思います。

『ゴリオ爺さん』──一九世紀フランス版、「親の心子知らず」

振り込め詐欺の手口はすでにかなり知れ渡っているはずですが、なお被害が後を絶ちません。自分自身のことではなく、自分の子どもや孫が困っていると聞くと居ても立ってもいられなくなるからでしょう。

そういう高齢者が、やはり古典の中にいました。一九世紀フランスの文豪**バルザック**の壮大な作品集『人間喜劇』（未完）に収録された代表作『**ゴリオ爺さん**』です。

さまざまな人物が登場しますが、注目すべきはゴリオ爺さんとその二人の娘。ゴリオ爺さんは、自身は貧しい暮らしをしながら、懸命に働いて稼いだお金をすべて娘に注ぎ込み、二人とも上流階級に嫁がせることに成功します。

また嫁いだ後も、年金などを貢ぎ続けます。「自分の命は娘二人のためにある」「自分が粗末な格好をしていても、あの子たちが暖かければ寒くない」と、自分のことは後回しで、娘第一の生活をします。

ところが親の心子知らずというか、当の娘は感謝する素振りもありません。ゴリオ爺さんが粗末な屋根裏部屋で病気になっても見舞いにも訪れず、死の床に就いても現れず。それまで「娘のためなら」と耐え忍んできたゴリオ爺さんですが、ついに怒りを爆発させながらこの世を去ります。ちなみに娘たちは、その葬儀にも参列しません。

まったく理不尽です。が、現代でも同様の話はあることでしょう。振り込め詐欺も、親心を利用するという意味ではよく似た構図です。あるいはここまで極端ではないにせよ、子どもへの思いが通じていなかったり、甘やかしすぎて逆効果だったり、高齢になってからまったく疎遠になってしまったりという話はよく聞きます。もちろん子どもに見返りを求める親は少ないと思いますが、多少の感謝や御礼の気持ちはあっていいはずです。

その意味では、今日の日本にもゴリオ爺さんはかなりいるのかもしれません。子どもに期待しすぎないこと、一人で生きていく経済的な基盤を確保しておくことの重要さを、この作品から学べると思います。

なお、『人間喜劇』はこういう悲惨な物語が多い。それがなぜ「喜劇」なのか。一つには、中世イタリアの詩人ダンテの叙事詩『神曲』の原題「神聖喜劇」をもじって命名されたから。ただそれだけではなく、人それぞれの生きざまは、不様でも立派でも滑稽に見えることがあります。つまり、見方によっては悲劇にも喜劇にもなりうるということです。

勝手に解釈するなら、傍からはどれほどみじめに見える人生でも、本人が最期の瞬間に「喜劇だったな」と笑い飛ばして逝けるのであれば、それはそれで幸せと言えるのではないでしょうか。

『老人と海』——戦う高齢者は美しい

高齢者が主役の文学作品の代表格といえば、**ヘミングウェイの『老人と海』**でしょう。キューバに住む高齢の漁師が、巨大なカジキを悪戦苦闘の末に捕獲しますが、小舟に結び付けて曳航《えいこう》する途中でサメに食い尽くされ、港に着くころには骨だけになっていたというお話です。

なぜ、老人になってまで危険な漁に向かうのか。それは、漁こそが自分のアイデンティティ（存在証明）だからでしょう。大魚を仕留めることをミッション（使命）として生きてきた人間の誇りがあるから、無理を承知でがんばるわけです。

結局、勝負に勝って試合に負けるというか、カジキの骨しか持ち帰れないところに人生の悲哀やせつなさが象徴されるわけですが、しかし老人に徒労感や挫折感はありません。巨大なカジキに勝つこと自体に最大の価値を置き、それを達成したからです。チャレンジする老人は、魅力的に見えます。その姿が、読者に勇気を与えてくれます。だからこそ世界的なベストセラーになったのでしょう。ピューリッツァー賞に加えてノーベル文学賞の受賞の原動力となったことも頷けます。

そしてもう一つ、この作品にはテーマがあります。格闘の最中、老人は「あの少年がいれば」と呟き続けるのです。自分の衰えを感じ、技術や精神を誰かに受け継いでもらいたい。可能性があるのは、近所に住んで自分を慕ってくれている少年のみ。自分の子どもの世代ではなく、孫の世代に伝えようとしていることがポイントです。

物語の中で、少年が本当に受け継いだかどうかまでは描かれません。しかし、うまく行けば約五〇年先まで伝えることができる。実はこれは、伝統芸能や工芸などの世界でよくある話です。

たとえば剣道の道場では、七〇~八〇歳代の師範が一〇歳前後の子どもたちに教えていたりします。そうすると、一気に六〇~七〇年先まで技を継承できることになります。その子どもたちが高齢になったとき、また一〇歳前後の子どもたちに教えるという循環ができれば、数百年にわたる継承も不可能ではなくなります。およそ伝統というものは、こうして生き永らえてきたのでしょう。

あるいは技術や伝統に限らず、自分の生きてきた証のようなものを後世のために残したいとは、誰しも少なからず考えること。その意味で、『老人と海』は冒険小説であるとともに「共感小説」でもあると思います。

なお、この作品は同タイトルで映画化もされています。一九五〇年代の作品でありながら、海上での死闘シーンの迫力は十分。小説の孤高な世界観を、忠実かつ見事に表現しています。

また、同じく海上における壮絶な戦いを描いた作品が、**メルヴィル**の長編小説『**白鯨**』です。これが書かれたのは、『老人と海』からちょうど一世紀ほど遡る一八五一年。「モビィ・ディック」と呼ばれる白い巨大なマッコウクジラの捕獲に生涯を賭ける捕鯨船の船長エイハブの物語です。

特筆すべきは、エイハブの狂気に近い執念と、いつの間にかエイハブに感化されていく個性的な乗組員たちの様子でしょう。何しろ、いくら巨大とはいえたった一頭のクジラを追いかけて世界中の大海原を駆け巡るわけで、その時点で無謀な挑戦であることは明らかです。

しかし多くの読者は、その飛び抜けた心意気にロマンを感じることでしょう。いくら追求してもキリがない世界にチャレンジすること自体が奥深い。誰でも簡単にマネできることではないからこそ、フィクションであれノンフィクションであれ、その世界に自分を投影したくなるわけです。言い換えるなら、しばし自分の年齢や境遇を忘れられるということでもあります。

ちなみに今日のコーヒーショップ「スターバックス」の名は、この作品に登場する一等航海士スターバックに由来します。彼は唯一冷静な乗組員で、常にエイハブの言動を諫《いさ》める立場でした。

ついでに言えば、この作品も映画化されています。エイハブ役は、『ローマの休日』で好青年を演じてから間もないグレゴリー・ペック。まったく違う狂気の船長を怪演しています。古典の長編小説を読むのが億劫なら、映画から入るのもいいかもしれません。

『アルプスの少女ハイジ』――おんじのダークサイドに注目

日本には、「国民的アニメ」と呼べるものが少なからずあります。『アルプスの少女ハイジ』はその代表格でしょう。

原作は、一九世紀スイスの作家**ヨハンナ・シュピリ**の児童文学作品『**ハイジ**』です。これが一九七四年にアニメ化され、大ヒットしました。今の五〇歳代半ば以上なら、知らない方はほとんどいないのではないでしょうか。

だから今も周知のとおり、テレビCMで使われていたりします。特にハイジのおじいさんであるアルムおんじの人気はかなり根強いと思います。

ハイジは一歳のときに両親を亡くし、五歳のときから山小屋に住むアルムおんじに預けられます。そこでヤギ飼いのペーター少年など個性的な面々とともに成長していくという物語です。

とりわけ大きな影響を及ぼすのが、やはり育ての親になるアルムおんじでしょう。常に優しく見守りつつ、全体に配慮しながらハイジを育てていきます。ハイジの人格はおんじとともに形成されるわけです。

しかも、たいへんな知性も持ち合わせている。特に高原の牧草地については膨大な経験知を蓄積しているので、ハイジの素朴な疑問にも淀みなく答えられる。それはハイジの教育とともに、地域社会の安定と存続にも寄与しています。だからハイジはのびのびと安心して暮らしていけるわけです。さながら、アルプスとおんじの深すぎる懐に抱かれながら育つという感じでしょう。

ただし、アニメでどこまで描いたか定かではありませんが、原作ではおんじもハイジの影響を受けて変わっていくのです。

おんじは最初から、温厚なおじいさんだったわけではありません。変わり者の気難しい性格で他の人との交流を好まないから、山小屋で一人暮らしをしていたのです。キリスト教への信仰心も薄く、過去には人を殺したこともあるらしいという設定のようです。

しかしハイジを受け入れ、交流していくことで、少しずつ変わっていく。人間としての優しさを取り戻し、元気になっていくわけです。アニメ版には必ずしも描かれていませんが、ついにはキリスト教の洗礼を受けていたハイジに倣い、信仰心まで抱くようになります。

つまり、おんじの世話でハイジが成長していく物語ではありますが、同時にハイジがおんじの心を開かせ、生きる気力や人間性を与える物語にもなっているわけです。そう考えると、児童文学とはいえ中高年が読んでも参考になりそうです。

実際、たとえば定年退職後にボランティアとして「緑のおじさん」「緑のおばさん」になり、毎日通学路の横断歩道などに立ち続けるケースは少なからずあります。もちろん地域の小学生の安全を守ることが第一の目的ですが、子どもたちから「おはようございます」と挨拶されることが楽しみ、という方が多いようです。これは、固くなった心をほぐしてくれるマッサージのようなものでしょう。

あるいは、高齢になってから、犬や猫を飼い始める方もいます。単にかわいいだけではなく、自分より小さくて弱い生きものなので、責任を持って世話をする必要がある。しかしその世話こそが、心を柔らかくする一つのコツなのかなと思います。

動物が面倒なら、植物でもいいかもしれません。NHKの番組に『猫のしっぽ　カエルの手』があります。イギリス出身のベニシア・スタンリー・スミスさんが、京都・大原の古民家で、四季折々の自然環境を楽しみながら暮らす姿を追ったものです。残念ながらベニシアさんは先ごろ亡くなられましたが、ゆったりした時間の流れの中で、ハーブを育てたりして生活する様子は、とても豊かそうに見えました。

いずれにせよ、ポイントは〝生きもの〟と関わり続けること。一般的に高齢になると、誰かの世話になる機会が増えるものです。しかし、そればかりではかえって疲れます。逆に誰かや何かの世話をすることによって、自分自身がもっと落ち着くという経路もあるわけです。そういう対象を見つけることも、一つのテーマになり得るでしょう。

『クリスマス・キャロル』――「幸福な人生」とは何か

何歳になっても人は変わることができる。そのことを強烈に訴えてくる作品が、一九世紀イギリスの文豪チャールズ・ディケンズの『クリスマス・キャロル』です。キリスト教をベースにしたクリスマスの物語はいろいろありますが、おそらくこの作品がもっとも有名でしょう。

主人公のスクルージは、初老で頑固で守銭奴な会社経営者。あらゆる人に冷たく接し、クリスマスの祝祭ムードにも背を向けます。

ところがそこに、七年前に亡くなった同じく強欲な共同経営者マーレイ老人がみじめな亡霊となって現れ、このままだと自分と同じ道をたどることになると警告を発します。さらに三人の精霊をスクルージのもとに送り、それぞれが過去・現在・未来の姿を疑似体験させるわけです。

そこで描かれるのは、とにかく冷酷で殺伐とした悪夢のような世界。最終的には、朽ち果てた墓石に自分の名前が刻まれていることを知ります。

これを機にスクルージは改心し、一八〇度違うキャラクターに生まれ変わります。苦しんでいる人を助け、自分の富を周囲に分け与え、甥とその一家とともにクリスマスを祝うようになるわけです。

その豹変ぶりを笑う人もいましたが、「この世で何かよいことをしようとすれば、最初は笑われるもの」と達観しているところがおもしろい。変わろうと思えば変われるという、一つの大きなメッセージだと思います。

そして何より、人間にとって幸福とは何かという問いかけが大きなテーマです。信仰心はともかく、拝金主義で孤独な死を迎える人生と、周囲の人に感謝され、祝福される人生とどちらが豊かか。答えは自明の理でしょう。

キリスト教世界の話ではありますが、これは私たちにも当てはまります。老後が長くなっているのできちんと蓄えをするのは基本です。そのうえで余剰をいろいろな形で放出して周囲を潤わせながら生きていくほうが、結局は豊かな気持ちになれるのではないでしょうか。

歴史を振り返っても、そういう偉人はたくさんいます。たとえば、**本多静六**（一八六六～一九五二年）もその一人。苦学の末にドイツ留学を果たして林学の博士になるとともに、投資の成功によって巨万の富を得た人物です。

しかし本多は、そのお金を自分のためだけには使いません。全国各地に公園がつくられるよう、ほぼ全額を寄付するのです。しかも専門を活かし、自ら設計にも携わりました。その第一号が、東京都心にある日比谷公園です。

日本ではあまり知られていないようですが、それは本人のあまりにも謙虚な性格に理由があるのかもしれません。しかしこういうお金の使い方からは、志の高さ、心の豊かさが窺えます。実に見事だと思います。

当然ながらたいへんな勉強家で、一日一ページの原稿を書くことを日課にしていたそうです。現在でも、**『私の財産告白』**（実業之日本社文庫）をはじめ何冊もの著書が出版されています。また評伝として、**『本多静六　若者よ、人生に投資せよ』**（北康利著、実業之日本社）もあります。大人物から、今後のお金の使い方を学んでみるのもおもしろいのではないでしょうか。

『カラマーゾフの兄弟』——「黒塗りの家族」の物語

強欲な高齢者といえば、スクルージに負けず劣らず強烈なのが、ロシアの文豪ドストエフスキーの長編小説『カラマーゾフの兄弟』（☞【ライフハック読書術】⑤参照）の父親フョードルでしょう。

これは、長男ドミートリー、次男イワン、三男アレクセイというカラマーゾフ家の三兄弟の物語です。そのドミートリーと父親のフョードルが一人の美しい女性を取り合うという、たいへんドロドロした話が発端です。

ところがある日、フョードルが惨殺されます。では誰に殺されたのか。この謎解きを軸に、物語は展開されていくわけです。

フョードルはたいへんな好色家で、とにかく女性なら見境なく手を出すようなだらしない人物として描かれています。けっしていい人ではありませんが、見方を変えれば、豪放磊落《らいらく》で欲望に正直ということでもあります。昨今ではあまり見かけない、人としての妙なスケールの大きさを感じます。

江川卓さんの『謎とき『カラマーゾフの兄弟』』（新潮選書）によれば、そもそも「カラマーゾフ」とは、「黒く塗られた」という意味のようです。フョードルは、それをもっとも体現した人物と言えるでしょう。また三人の兄弟にも、それぞれ違う形で欲望にまみれた父親の血が受け継がれている。その組み合わせ、絡み合いが、この物語のもう一つの大きな魅力です。

『ドン・キホーテ』――まったく別の人生を疑似体験する魅力

『ドン・キホーテ』といえば、今ではすっかり格安量販店のイメージが定着しているかもしれません。しかしもともとは、一七世紀初頭にスペインの作家**セルバンテス**によって書かれた長編小説です。

主人公ドン・キホーテは、騎士道小説の読みすぎによってその世界に入り込み、頭がおかしくなった五〇歳前後の男性。近所の農夫サンチョ・パンサを「島を手に入れたら統治を任せる」と誘い、二人で旅に出ます。

その道中、妄想によってさまざまな騒動を引き起こすわけです。風車を巨人と思い込んで戦いを挑むシーンは、あまりにも有名でしょう。あるいは金だらいを兜と思い込んだり、農夫の娘を空想上の貴婦人ドルシネアに仕立て上げたり。現実にこういう人物がいたら周囲は対応に苦慮するでしょうが、あくまでも小説の中のお話なので、妄想が激しければ激しいほどおもしろいわけです。

中でもいい味を出しているのが、サンチョ・パンサ。彼は正常なので、ときどきドン・キホーテを妄想から現実へ引き戻そうとする役割を演じます。しかし反面、島をもらえるという約束をなぜか信じ、ドン・キホーテの放浪の旅に付き合い続ける。けっして合理的にはなれない人間臭さが、サンチョ・パンサの魅力です。

そして終盤、ドン・キホーテが衰弱して妄想から離れ、しだいに現実を理解するようになると、今度は「また旅に出ましょう」と励ます。その寂しさと温かさが混在する場面は、涙なしには読めません。

岩波文庫版『ドン・キホーテ』（牛島信明訳）は全六冊もある長編小説ですが、児童文学や絵本として抜粋されたバージョンもいくつかあります。また何度となく映画化、舞台化もされています。いずれも楽しめると思いますが、時間が許すなら、オリジナルをじっくり読んでみることをおすすめします。

文章を読んで脳の中で情景を思い浮かべることは、きわめて知的な作業です。ましてドン・キホーテのような〝超人的〟な活躍を想像するとなると、いやが上にも脳が刺激されるでしょう。

ちなみに、同じく海外の長編小説という意味では、**『ジャン・クリストフ』**（豊島与志雄訳、岩波文庫、全四冊）もおもしろい。二〇世紀初頭にフランスの作家**ロマン・ロラン**によって書かれた作品です。主人公の音楽家ジャン・クリストフが生まれてから亡くなるまでを描いた自己形成小説で、モデルはこの一世紀ほど前に生きたベートーヴェンと言われています。さまざまな苦難や恋愛を超えて成長していくわけですが、共感したり応援したりしたくなるシーンが多々あると思います。

いずれにせよ、一人の人生をこれほどじっくり辿《たど》っていくことは、自分自身がもう一人の人生を歩むようなもの。そう考えるだけで、ワクワクしてこないでしょうか。

ライフハック読書術⑤

「死ぬまでにドストエフスキーは読んでおきたい」あなたへ

古典といえば、思想書や学術書の類より文学作品のほうが、まだ馴染みがあるかもしれません。とはいうものの、昨今の小説に比べて読みにくいことは間違いありません。まして海外の作品となれば、時代背景や生活習慣の違い、それに翻訳者との相性もネックになります。

しかし、あきらめる必要はありません。サクサク読むための方法が、いくつか存在するのです。

とりあえず接点を求めるなら、まず漫画で読むという手は有効です。文字どおり**「まんがで読破」**（イースト・プレス）と銘打った文庫のシリーズで、『カラマーゾフの兄弟』をはじめ、『罪と罰』、『ファウスト』（ゲーテ）などもあるようです。

そもそも文字量が膨大なこれらの古典を、よくぞ漫画にまとめたなというのが私の印象です。それに『カラマーゾフの兄弟』を見るかぎり、たいへんよくできています。もちろん文章が完全に漫画化されているわけではありませんが、なかなか巧みにストーリーの骨格を取り出しています。

これを先に読んでおくと、翻訳本も落ち着いて読めるようになります。ある程度ストーリーが頭に入っているし、場面を映像として脳内再生しやすいし、登場人物の相関関係もわかるからです。それだけ読破する可能性が高まるわけです。

読み方としては「邪道」と思われるかもしれませんが、『カラマーゾフの兄弟』のような長編の古典文学の場合、一生読まない人が圧倒的に多いでしょう。あるいは読み始めても、途中で止めてしまったりします。ならばどんな形であれ、興味を持ち、最後まで行き着く最善の手を考えたほうがいいように思います。

ただし、漫画なら何でもいいというわけではありません。もともと難解なだけに、解釈がデタラメなものもあるし、かえって作品への興味を失わせるものもあります。できるだけ評判のいいものを選んだほうがいいと思います。

それに、漫画本でストーリーがわかったからといって、その古典を読んだ気になるのもいささか違う気がします。「およそ文学の神は細部に宿る」というのが私の持論です。いい作品は、行間から情念や情景が浮かび上がってくる。それを味わうことこそ、文学の本当の楽しみだと思います。せっかく漫画本で助走をつけたなら、むしろ翻訳本でジャンプしないほうがもったいないでしょう。

さらにドストエフスキーの長編小説に挑みたいなら、究極の解説本があります。ロシア文学者の**江川卓**さんの**『謎とき『カラマーゾフの兄弟』』『謎とき『罪と罰』』『謎とき『白痴』』**（新潮選書）です。

単なる解説書ではなく、ドストエフスキーが作品に込めた〝意図〟まで言及しているる点がおもしろい。たとえば『謎とき『罪と罰』』によれば、主人公の「ラスコーリニコフ」とは、ロシア語で「二つに割る」「鉈で老婆の頭を分割する」という意味があるそうです。また、キリスト教のある一派のことでもあるとのこと。キーパーソンである「マルメラードフ」には、お菓子の名のようなニュアンスがあるらしく、「あまりにも甘ったれた人物」という意味が込められているそうです。

あるいはラスコーリニコフの本名は「ロジオン・ロマーノヴィチ・ラスコーリニコ

フ」ですが、そのイニシャルを取り出すと「RRR」。これはロシア語では「PPP」と表記されます。Pが重なる姓名は、ロシアでもきわめて珍しいそうです。

しかしドストエフスキーが残した創作ノートによれば、わざと「PPP」となるような名を選んだらしい。「PPP」の文字をひっくり返せば「666」。周知のとおり、これは旧約聖書における悪魔の数字です。

これらの話は、ふつうに翻訳本を読むだけではけっして知り得ません。まさに「謎とき」になっているわけで、きっと驚いたり感動したりできるはずです。もちろん、翻訳本も読んでみたくなると思います。

ライフハック読書術⑥

自分に合う「書評家」を見つけよう

新聞や雑誌の書評、ネット上のレビューなど、毎日あまりにも膨大な記事が書かれているため、追いかけるだけでたいへんかもしれません。

それをスクリーニングする一つの方法は、記事の書き手を選ぶことです。感性のよく似た友人から「この本がおもしろかった」と紹介されれば、確実とまでは言いませんが、大ハズレはないでしょう。同様に、自分にとって信頼できる専門家や著名人が書評に挙げた本なら、やはりつまらないということはないと思います。そこで、誰かの書評を読んで買った本がおもしろければ、しばらく同じ書き手の書評を追いかけてみればいい。効率よくおもしろい本に出会えるのではないでしょうか。

もちろん、追いかけるべき書き手は一人とは限りません。日本文学ならこの人、ミステリならこの人、外国文学ならこの人、と適度に役割分担させればいい。さながら隠密を各地に放つ大名のような感覚です。

実は、書評が載るのは新聞や雑誌ばかりではありません。本を紹介する本、すなわちブックガイドというものも存在します。たとえば、エッセイストでロシア語通訳としても活躍された**米原万里**さんの『**打ちのめされるようなすごい本**』（文春文庫）もその一つです。米原さんは洒脱なエッセイを書かれる方でした。ファンにとってみれば、「あの米原さんが打ちのめされるぐらいなら」と期待して紹介された本を読んでみる気になったことでしょう。

取り上げられた本の数は膨大です。小説ばかりではなく、ノンフィクションやエッセイのほうが多いかもしれません。言い換えるなら「すごい本」は小説ばかりではないわけで、自分の見聞を広めるという意味でも楽しめると思います。

こういう〝書評本〟は、書評家の肩書を持つ人や読書家な著名人などによって多数出されています。感性の合う人を見つければ、彼らが自分にとっておもしろい本をキュレーションしてくれることになります。どんな人が自分に合うのか、いろいろ探してみてはいかがでしょうか。

4章

なぜか落ち着く「江戸」へのいざない

なぜ「時代小説」を読みたくなるのか

いつのころからか、テレビの時代劇がめっきり減ってしまいました。『水戸黄門』も『必殺仕事人』も、もう地上波の連続ドラマとしてはありません。その代わり、BSやCSなどでひと昔前の時代劇を再放送していて、一定の視聴率を稼いでいたりするそうです。新しい時代劇が消えても、時代劇ファンが消えたわけではないのでしょう。

ドラマがないなら小説があります。特にある程度の年齢を超えてくると、なぜか江戸時代を舞台にした時代小説を無性に読みたくなる、という方は多いと思います。世知辛い現代からトリップしたいという気持ちもあるし、どう転んでも一五〇年以上前の話という安心感もあります。

それに応えるように、この分野の小説は今も人気が高いようです。代表格はやはり、**池波正太郎**の**『鬼平犯科帳』**（文春文庫）や**『剣客商売』**（新潮文庫）など。私も疲れたときに『鬼平犯科帳』を読むと、ちょっと落ち着ける気がします。だいたい似たような話が多いのですが、だからこそ安心できるのです。

それに、やはりかつてはテレビドラマにもなっています。最近はそれがBSで再放送されているので、私はしっかり録画しています。あるいは映画にもなったので、そのDVDも持っています。これらを気分しだいで選択することで、鬼平の世界にどっぷり浸かることができるわけです。

あるいは、**藤沢周平**の作品にも根強い人気があります。**『蝉しぐれ』**（文春文庫）をはじめ、海坂《うなさか》藩という架空の藩を舞台にした青春小説はたいへん読みやすい。かなり以前の話ですが、私が実家の父にすすめたところ、次に帰省した際には三〇冊ほど積み上がっていました。「たしかにおもしろかった」と。一つでもおもしろい作品に出会うと、同じ作家の作品を次々と読みたくなるものです。

同じく時代小説の名手といえば、**山本周五郎**でしょう。**『樅《もみ》ノ木は残った』『赤ひげ診療譚』**などが有名ですが、短編小説「おさん」（**『おさん』**に収録）も名作。大人の女性の魅力と儚《はかな》さを感じさせてくれます。あるいは本人が生きた昭和初期を舞台にした自伝的小説**『青べか物語』**（いずれも新潮文庫）には、貧しくとも逞しい登場人物が多数登場します。山本文学の原点を垣間見ることができます。

かつてエッセイストの**杉浦日向子**さんは、**『江戸へようこそ』**（ちくま文庫）など多くの著書で、江戸文化について詳しく紹介されていました。その描写はいずれも臨場感にあふれていますが、それもそのはず。杉浦さんは自身が江戸に生まれて江戸に生きているという感覚で書かれていたそうです。

また臨場感を楽しむという意味では、江戸時代の浮世絵などを見る手もあります。今なら、ネットや芸術系の雑誌等で簡単に見ることができるでしょう。それらの絵からは、当時の庶民のおおらかさやユーモア、それに美意識が感じられます。そういうものを見て、江戸時代のイメージを膨らませたうえで時代小説を読むと、いっそうリアルに楽しむことができるのではないでしょうか。

ド定番の司馬遼太郎作品

時代小説で定番中の定番といえば、やはり**司馬遼太郎**の作品でしょう。

綿密な取材に、「司馬史観」と称される独特の歴史観が加味され、歴史上の人物が明るくイキイキと描写されているのが特徴です。かならずしも史実どおりではないかもしれませんが、記録にない隙間をいかに想像力で埋めるかで、作家の力量が問われます。その点において、司馬は間違いなく一級の作家です。

司馬といえば、**『竜馬がゆく』**（文春文庫）があまりに有名でしょう。全八巻に及ぶ長編小説ですが、読み出したら止められないような疾走感と、歴史が大きく転換していくダイナミズムを感じることができます。一読してみれば、なぜ同書と坂本龍馬に根強いファンがいるのかわかると思います。

加えて私がおすすめしたいのは、『竜馬がゆく』とほぼ同時代を舞台にした『世に棲む日日』（文春文庫）です。全四巻中、前半二巻で吉田松陰、後半二巻で高杉晋作の短い生涯を描いています。

周知のとおり、二人は松下村塾における師弟関係にあります。松陰は塾生に対して激烈なメッセージを送り続け、高杉は遊び心を持つ塾の俊英でした。そんな二人の生きざまを軸に、長州が倒幕に向かうという日本史上の大転換期を活写していくわけです。

彼らの気概・気骨の強靭さは、現代人から見れば想像を絶するものがあります。そのギャップと、同じ日本人としての共感とが相まって、読者を物語の世界へ誘ってくれるのです。

しかも、かなりの長編でありながら、きわめて読みやすい。軽い筆致なので、一日で一冊読むことも可能でしょう。これは、司馬の他の作品にも共通する特徴です。

江戸文学は意外に読みやすい

もちろん現代の作家ではなく、江戸時代の作家の作品もおもしろいと思います。時間に余裕ができたのなら、歴史の教科書でしか知らなかった作家や作品にそろそろ目を通してみてもいいかもしれません。基礎的な教養を高めるという意味では、「リスキリング」の一環と言えなくもないでしょう。

有名なところでは、江戸時代後期を生きた**十返舎一九**《じっぺんしゃいっく》の『**東海道中膝栗毛**』（岩波文庫）。話題になった**しりあがり寿**さんのマンガ『**弥次喜多 in DEEP**』（エンターブレイン）をはじめ、すでに映画やドラマなどさまざまな形でアレンジされていますが、大元の原作を読んだ人は意外に少ないかもしれません。

もし読み始めたとしたら、最初に驚くのは「案外読みやすい」ということだと思います。遠く江戸時代に書かれたものであるにもかかわらず、「古文」を解読するような煩わしさはない。その意外性で、余計におもしろく読めると思います。

周知のとおり、道中はバカバカしいエピソードが満載です。おしゃれのつもりで白い手ぬぐいを頭に被ってみたら、実はそれが褌《ふんどし》だったとか、五右衛門風呂に下駄を履いたまま入ったら底が抜けたとか。

あるいは多少詳しい方なら知っていると思いますが、弥次さんと喜多さんはバイセクシュアルであり、良い仲でもあります。しかし一方で、無類の女性好きでもある。当時の庶民の、性に対するおおらかさを実感できると思います。

いずれにせよ、男二人によるのんきな旅物語です。時代を超えて、読んでいる側の時間の流れもゆっくりになるし、心も和みます。

ちなみに、現代語訳もいろいろな方が出されています。たとえば村松友視《むらまつともみ》さんの『東海道中膝栗毛（21世紀版・少年少女古典文学館、第二〇巻）』（講談社）は子ども向けなので、いっそうスラスラ読めると思います。

もう一人、江戸時代の作家といえば**井原西鶴**でしょう。十返舎一九より一〇〇年以上前の江戸初期の生まれで、元禄時代に人気を博しました。代表作である『**世間胸算用**』や『**日本永代蔵**』は、経済小説もしくはビジネス書の元祖のような存在です。この人はこういう商売をして成功した、といったエピソードを紹介しているわけです。

また西鶴には、「好色物」と呼ばれる作品群もあります。とりわけ有名なのが『**好色一代男**』。主人公・世之介の、七歳から六〇歳までの徹底的に「好色」な生涯を追った作品です。今から読めば単純に笑えますが、当時はインモラルな作品として相当物議を醸したようです。日本文学史上における革命的な作品という意味でも、読んでおいて損はないと思います。

いずれも国立国会図書館のオンラインサービス（国立国会図書館デジタルコレクション）で読むこともできますが、さすがにそれだけでは骨が折れます。現代語訳版や解説書もいろいろ刊行されているので、その中から読みやすそうなものを選んでいただければと思います。

できれば「おくのほそ道」の足跡をたどる旅へ

井原西鶴とまったく同時代に生きたのが**松尾芭蕉**、また十返舎一九と同時代に生きたのが**小林一茶**です。二人とも俳諧師としてあまりに有名ですが、その作品に触れておくと、江戸時代の空気感がいっそうよくわかると思います。

しかも小説とは違ってわずか一七文字でありながら、それぞれしっかり世界観がある。芭蕉や一茶の優れた作品を知ったら、つい自分でも真似してつくってみようという気になるでしょう。つまり俳句の世界に誘《いざな》われるわけで、中高年からの学びという意味でもたいへんなフロンティアが開かれる可能性があります。

まずは芭蕉から。有名な**『おくのほそ道』**(角川ソフィア文庫ほか)のみならず、**『芭蕉全句集』**(同上ほか)といった生涯の全句を収録した文庫が複数の出版社から刊行されています。俳諧の第一人者の生涯の作品が、文庫一冊に収まっているのはお得です。

私はお気に入りの文学者を見つけて、全集を読む読書法をおすすめしていますが、中でも芭蕉はとっつきやすいということです（☞全集の楽しみ方については【ライフハック読書術】⑦を参照）。人生の儚さをそこはかとなく感じるとともに、読者の立場で見れば偉人一人を一冊で踏破できるという達成感も得られます。

作品としての「おくのほそ道」は、「俳諧紀行文」と呼ばれています。晩年の芭蕉は、平安時代から鎌倉時代初期を生きた僧侶・歌人である西行の五〇〇回忌に合わせ、西行がたどった道をなぞる旅に出ます。江戸から東北、北陸を回り、最後は伊勢に至りました。その約一五〇日の記録です。旅先での様子を綴るとともに、その先々でインスピレーションを受けて詠んだ句をまとめたわけです。

もちろん読むだけでも旅情に浸れますが、実際に芭蕉が詠んだ地に立って読めば、感激もひとしおだと思います。芭蕉が西行の足跡をたどったように、私たちも芭蕉の足跡をたどる。これこそ最高の贅沢でしょう。まるで芭蕉と一緒に旅をしているような気分になれるはずです。

たとえば、岩手県の中尊寺金色堂では以下のように詠んでいます。

〈五月雨《さみだれ》の降《ふり》のこしてや光堂〉

あるいは山形県の立石寺《りっしゃくじ》には、以下の有名な句の石碑があります。

〈閑《しずか》さや岩にしみ入《いる》蟬の声〉

もともと名所ではありますが、句によっていっそう輝く気がしないでしょうか。一つの表現が、その場の風景をランクアップさせる。あるいはある風景の中で一つの表現を見聞きすることで、その言葉の意味をいっそう嚙みしめることができる。その感激を味わうことが、こういう教養を持つことの最大のメリットだと思います。

そして生前最後に詠んだ句が、また奥深い。

〈旅に病《やん》で夢は枯野をかけ廻《めぐ》る〉

芭蕉がどれほど旅を愛していたか、また思いどおりにならない体にもどかしさや落胆を感じていたか、ひしひしと伝わってきます。旅かどうかはともかく、共感する中高年は多いのではないでしょうか。

ちなみに「おくのほそ道」に登場する句は、同行した門人の河合曾良《かわいそら》らの作品も合わせて六二。その先々を訪れると考えれば、文庫一冊で相当楽しめると思います。また**幸田露伴**の『**芭蕉入門**』（講談社文芸文庫）をはじめ、古今の文学者などによる解説書も多数あります。そういうもので深掘りするのもおもしろいでしょう。

かつて私は、海外の出版社が刊行する『**世界文学大図鑑**』（日本語版は三省堂）の監修を務めたことがあります。文字どおり世界中の文学や文学者を紹介する大型本ですが、日本文学の箇所でもっとも大きく取り上げられていたのが紫式部と芭蕉で、それぞれ見開き二ページを使っていました。

海外から見ると、俳句は「詩」のカテゴリーに入ります。だから「日本最大の詩人は誰か」と問うと、意外に聞こえるかもしれませんが、真っ先に芭蕉の名が出てくるのでしょう。言い換えるなら、芭蕉の俳句は海外でも受け入れられるということでもあります。

人生の哀しみを牧歌的な俳句で表現した小林一茶

もう一人の小林一茶が活躍したのは、江戸を中心に町人文化が栄えた文化・文政の時代です。その作品は、たとえば『**一茶句集　現代語訳付き**』（玉城司訳注、角川ソフィア文庫）など多くの本で読むことができます。

一茶の俳句のよさは、とにかくわかりやすいこと。たとえば以下のような句が有名でしょう。

〈猫の子がちよいと押へるおち葉哉
空腹《すきばら》に雷ひびく夏野哉
わんぱくや縛《しばら》れながらよぶ蛍〉

ところが、学生に感想を聞くと「意味がわからない」という答えが多くて、逆に驚かされます。たとえば、

〈大根引《だいこひき》大根で道を教へけり〉

「大根引き」は要するに農家の人。大根を引き抜いている最中に道を聞かれたので、手に持った泥だらけの大根で「あっちだよ」と道を教えてあげたという、いかにも田舎の日常にありそうな光景を詠んでいるわけです。田舎の暮らしも農作業も経験がない学生には、その光景が目に浮かばない。だからピンと来ないのでしょう。

あるいは、もう一句。

〈なの花のとつぱづれ也《なり》ふじの山〉

「とっぱづれ」とは「端」という意味。つまり、一面に広がる菜の花畑の端に富士山が小さく見える、という情景を詠んでいるわけです。ふつう富士山はメインとして描かれるものです。しかしこの作品では、菜の花を引き立たせる脇役でしかない。そういう主客転倒なおもしろさがあるわけです。

それがなかなか伝わらないというのは、いささかもったいない気がします。俳句の読解力という意味でも、また日本の原風景の記憶が薄れるという意味でも、何とか歯止めをかけたいところです。

さらに言えば、一見軽やかに思える一茶の句には、実は本人の苦難の人生が反映されています。そういう部分まで含めて理解すれば、いっそう味わい深くなるでしょう。

そこで私は少し前、『**心を軽やかにする小林一茶名句百選**』（致知出版社）という本を上梓しました。一〇〇句について背景などの解説を加えるとともに、少しでもイメージが伝わればという思いから、私自身の拙いイラストも添えています。

信州の農家の長男として生まれた一茶は、幼いころに母親を失い、継母のいじめに苦しみます。特に継母に息子（一茶から見れば異母弟）が生まれてから、風当たりはいっそう厳しくなります。本来なら長男として家業を継ぐはずですが、ついに一五歳のときに実家を追い出され、江戸へ向かいます。

それから一〇年後、二五歳ごろから俳諧師として頭角を現すわけですが、一方で実家との折り合いは悪いままで、三九歳のときに父親が亡くなってからは、継母と弟との間で遺産相続の問題でも延々と悩まされることになります。

故郷に戻り、結婚したのは五〇歳を過ぎてから。ところが相次いで生まれた四人の子どもも全員が、二歳になる前に早世します。また親子ほど歳の離れた妻も、結婚から九年後に三七歳で亡くなりました。

この時代に詠んだ句からは、心情が痛々しく伝わってきます。たとえば以下の句は、長女が亡くなったときのものです。

〈露《つゆ》の世ハ露の世ながらさりながら〉

この世は露のようにはかないと知っていたが、それにしても、という心情です。

また再婚、再々婚を経てようやく第五子を得ますが、その子が誕生する前に、一茶は六五歳でこの世を去ります。その直前には、大火によって家を失い、奇跡的に焼け残った土蔵で寝起きするという憂き目にも遭っています。牧歌的な作品からは想像できないほど、壮絶な人生だったわけです。

その作品の価値をより深く味わうなら、同じく俳人の**加藤楸邨**《かとうしゅうそん》さんによる『**一茶秀句**』(春秋社)が参考になるでしょう。また、こういう一茶の人生をたどってみるなら、**田辺聖子**さんの『**ひねくれ一茶**』(講談社文庫)がおすすめ。また**藤沢周平**さんの『**新装版　一茶**』(文春文庫)もおもしろいと思います。

江戸時代の「健康本」といえば

「健康ブーム」とか「健康志向の高まり」といった言い方をよく見聞きしますが、いつの時代も、健康に対する関心が低かったことはありません。私たちは常に健康でいたいはずです。

ただし、その時々によって情報は大きく変わります。「〇〇を食べれば老化予防になる」「〇〇を毎日飲めば脂肪を減らせる」とか、「こういう運動がいい」「こういう生活習慣がダメ」といった情報が巷に大量にあふれていることは周知のとおり。私たちはそのたびに右往左往しがちです。

中には、いかがわしい商品やサービスを売りつけようとするケースもあります。その主なターゲットといえば、若い人よりいっそう健康が気になる中高年でしょう。つまり中高年ほど、情報の精度を見極められるような〝健康リテラシー〟を持つ必要があるということです。

それには、歴史的に評価の定まった本を繙くのが一番。その原典と言えそうなのが、江戸時代初期の儒学者・本草学者の**貝原益軒**による『**養生訓**』でしょう。今日も中公文庫プレミアムや講談社学術文庫などから、現代語訳が複数刊行されています。

ここに書かれているのは、文字どおり養生のための生活術。「食事は腹八分目で」とか、「食後すぐに寝てはダメ、散歩しなさい」とか、「日本人の胃腸は大陸の人と違って弱いので、無理をして肉を食べる必要はない」とか、今日でもよく言われるノウハウが登場します。しかもけっして極端ではなく、「ほどほどに」という姿勢が貫かれています。これだけでも、時代を超えて信頼できるとわかるでしょう。

実は貝原益軒自身、幼少期は虚弱体質だったそうです。だから常に体の状態に気を遣い、またいろいろ調べるようになったのでしょう。結果として、当時では珍しい八三歳という長寿を全うしました。これも、『養生訓』の正しさを証明しています。

おもしろいのは、基本的な考え方として、天地の気と自分の体の気の巡りを一体化して捉えていること。これは中国の「気」の考え方に則ったもので、たとえば散歩にしても、単なる足腰の運動ではないと説きます。歩きながら、自分の中の気と天地の気を循環・交流させることが大事、というわけです。今日的に言い換えるなら、デトックスの考え方に近いかもしれません。

実際、私たちは「血の巡りがいい」という言い方をします。医学的に詳しいことはわからなくても、血が体の隅々まで行き渡り、さらさらと循環しているほうが健康的というイメージを持っていると思います。『養生訓』はそれどころか、体の循環は外界とも連動していると説いているわけです。健康というと「○○が体にいい」と小さく考えがちですが、この大らかな世界観が同書の魅力です。

特に中高年にとって、これまでの生活習慣を見直す意味でも、またこれからの日々で注意すべき点を確認する意味でも、読んでおいて損はないと思います。『養生訓』そのものが古典でとっつきにくいと感じるようなら、現代版にアレンジした解説書も多数あります。ちなみに私も、**『図解 養生訓』**（ウェッジ）という本を出しています（☞図解本の効用については**【ライフハック読書術⑧】**を参照）。

幕末の志士に多大な影響を及ぼした啓発書

明治維新の功労者といえば、真っ先に思い浮かぶのが**西郷隆盛**でしょう。薩摩藩の下級武士の家柄でありながら、盟友の大久保利通とともにするすると頭角を現し、やがて政治・軍事の両面で倒幕のリーダーとなっていきます。

ハイライトは、**勝海舟**との会談で江戸城の無血開城を決めた場面。そのときの西郷の様子について、勝は後年の自著**『氷川清話』**（講談社学術文庫）で以下のように述懐しています。

〈西郷は、おれのいふ事を一々信用してくれ、その間一点の疑念も挟まなかつた。「いろ〳〵むつかしい議論もありませうが、私が一身にかけて御引受けします」西郷のこの一言で、江戸百万の生霊も、その生命と財産とを保つことが出来、また徳川氏もその滅亡を免れたのだ。（略）その大局を達観して、しかも果断に富んで居たには、おれも感心した。〉

西郷はその後、新政府でも要職を務めるわけですが、やがて辞職して帰郷します。特権を失った旧武士たちの不満を一身に背負い、反乱の先頭に立ったのは明治一〇（一八七七）年のこと。いわゆる西南戦争です。維新の英雄は、わずか一〇年で天下の逆賊と呼ばれるようになったわけです。

しかし、一二年後の明治二二（一八八九）年に名誉回復が図られました。それを記念して建てられたのが、今も東京・上野公園にある銅像です。これほど波乱に満ちた人生は、なかなか珍しいでしょう。

その西郷が、生涯持ち歩いたとされる〝メモ〟があります。「手抄言志録」と呼ばれるもので、一〇一か条の言葉で成り立っています（『**西郷南洲遺訓**』に収録）。ただそれは、西郷本人の言葉ではありません。原典は幕末の儒学者・**佐藤一斎**の『**言志四録**』（川上正光全訳注、講談社学術文庫、全四巻）です。

佐藤は八八歳の長寿を全うしました。同書はその後半生四〇年にわたる箴言《しんげん》集で、『言志録』『言志後録』『言志晩録』『言志耋《てつ》録』の四書の総称で、全部で一一三三か条あります。西郷は、そこから気に入った一〇一か条を書き写したわけです。

佐藤は、幕府の学問所である昌平坂学問所の総長を務めた人物です。今日で言えば東大総長のようなポジションでしょう。直接の門下生には、佐久間象山や横井小楠《しょうなん》がいます。佐久間象山からは、勝海舟や吉田松陰、坂本龍馬などが学んでいます。また吉田松陰といえば、高杉晋作や久坂玄瑞、伊藤博文、山縣有朋などを育てた松下村塾の塾頭です。つまり西郷のみならず、明治維新時の志士や新政府の主要メンバーの多くが、佐藤の影響を少なからず受けているわけです。

では、何が当時の優秀な若者たちを惹きつけたのか。『言志四録』は、けっして難しい理屈を説いているわけではありません。むしろ非常にシンプルな言葉で、人として進むべき道を示しています。感覚としては、孔子の『論語』に近いと思います。

象徴的なのは、以下の言葉です。

〈一燈《とう》を提《さ》げて暗夜《あんや》を行《ゆ》く。
暗夜《あんや》を憂《うれ》うること勿《なか》れ。
只《た》だ一燈《とう》を頼《たの》め。〉

進むべき道に迷ったときには、憂うのではなく、自らが持つ一つの灯りを頼りに歩け、というたいへん力強い言葉です。逆にこの言葉から、志士たちの行動原理が読み取れる気がしないでしょうか。

今日、さほどメジャーとは言えない古典ですが、このまま埋もれさせてしまうのはもったいない。そこで私は以前、**『最強の人生指南書』**（祥伝社新書）や**『図解　言志四**

録』（ウェッジ）という解説書を書きました。『養生訓』と同様、原典は敷居が高いと感じるようなら、こういう解説書で感触を掴んでみてはいかがでしょうか。

『論語』を人生訓ではなく、物語として読むと

『言志四録』が幕末の志士に影響を与えたことからもわかるとおり、その根本である儒学は人格形成の基盤になり得るわけです。その原典が孔子の『論語』。もちろん時代も国も江戸とは関係ありませんが、藩校や寺子屋で素読のテキストとして使われたことは有名でしょう。

その意味で、当時の日本人の人間形成に少なからぬ影響を与えたことは間違いありません。そこで『論語』についても触れておきます。

『論語』そのものを読んだことはなくても、たとえば「故《ふる》きを温めて新しきを知る」「過ぎたるは猶《なお》及ばざるが如し」「己の欲せざるところ、人に施すことなかれ」といった言葉は有名でしょう。きわめてシンプルでありながら、一つ一つの言葉が格言になるほ

ど〝刺さる〟のが、『論語』の特徴です。

岩波文庫版をはじめ、現代語訳はいろいろ出ています。身構えて最初から読むのではなく、ページをパラパラめくりながら、気に入った言葉を探してみるという感じでいいのではないでしょうか。

私は大学でも、毎年一年生に読んでもらっています。感想を尋ねると、一様に「読んでよかった」と答えます。将来に向けて希望や不安が入り混じっている彼ら・彼女らにとって、生きる指針を示してもらえた気がするからでしょう。また言葉として歯切れがいいので、何かの機会に引用できるという〝打算〟もあるようです。

もちろん中高年にとっても、自分の来し方を振り返りながら反省したり肯定したり、あるいは後半生をどう生きるかを考えたりするきっかけになると思います。若い人を諭す言葉としても使えます。いずれにせよ、たいへん〝お得感〟のある本です。

ただし言葉がシンプルすぎて、孔子がどういう思いで発したかは、ちょっとイメージしにくいかもしれません。そこでおすすめしたいのが、大正〜昭和期前半の社会教育家・**下村湖人**の**『論語物語』**（講談社学術文庫）です。『論語』のいくつかの言葉に丁寧に肉付けし、一つのストーリーとして提示してくれています。

孔子には多くの弟子がいました。その弟子たちと孔子とのやりとりを、後に弟子たちがまとめたのが『論語』です。では弟子たちはそれぞれどういうキャラクターだったのか、孔子とはどういう関係だったのか、どういう状況でその言葉が発せられたのか。そこまで掘り下げて物語に仕立てているわけです。孔子をはじめ、個々人の姿がよりリアルに見えてくるはずです。

同じく『論語』に関連するという意味では、昭和初期の作家・**中島敦**の短編小説「**弟子**」もすばらしい。弟子たちから見て孔子はどういう存在だったのか、という視点で描かれています。これは『**山月記・李陵　他九篇**』（岩波文庫ほか）に収録されています。

主人公は弟子の中で一番の暴れん坊の子路。孔子の言うことをなかなか理解せず、いちいち食ってかかるような単純さも持っていたのですが、孔子にとってはそれがかわいくて仕方がないわけです。その様子が情感豊かに描かれます。

やがて立派に成長した子路は、その武勇を買われてある国の行政官に就任します。ところがその国で反乱が起こり、無惨な殺され方をする。それを聞いた孔子は、いたく嘆き悲しんだというお話です。『論語』とセットで読むと、子路を通じて孔子の思想や人となりがいっそう深く理解できると思います。

ライフハック読書術⑦

一人の作家を〝制覇〟する「全集」の楽しみ

かつて評論家の小林秀雄は、「ある作家について知りたければ全集を読めばいい」と述べていました。大作や代表作を読むだけでは不十分。小作品やデビュー作、あまり話題にならなかった作品まで目を通すことで、ようやくその作家の全体像が明らかになるということでしょう。

たしかに大きな書店や古書店に行くと、夏目漱石や芥川龍之介をはじめ、日本文学界に名を残した数々の作家の全集が置かれています。また最近は、文庫版の全集も珍しくありません。

とはいえ、さすがに全集を読破しようと思うと気合いが必要です。まして現役世代なら、時間の確保だけでも難しいでしょう。しかし第一線を退いた後なら大丈夫。むしろ余った時間を埋めるのにちょうどいいかもしれません。なおかつ教養や心の内面が豊かになるので、いいこと尽くしです。

おすすめは、現役世代でも高齢世代でも、「読んでみたい」と思ったときに少しずつ買いそろえていくこと。私の知り合いにも、五〇歳ぐらいのときに夏目漱石の全集を買いそろえ、「これを定年後から読むんだ」と楽しみにしている方がいます。コレクションのようにそろえていく楽しみがあるし、それが自室の書棚にあると「教養の杜《もり》」という感じがしてきます。「読まなくては」というプレッシャーにもなる。それが、日常にいい意味での緊張感をもたらしてくれるのです。

実際、全集はいろいろな発見があって楽しめると思います。まず夏目漱石も芥川龍之介も、あるいは中島敦や太宰治にしても、全作品はそれほど多くありません。もちろん相当量ではありますが、読破できないほどではない。その総量を見て、「これなら読めそう」とモチベーションが上がるのではないでしょうか。

それに、「こんな作品があったのか」という発見もある。たとえば太宰治が戦時中に書いた短編小説に「散華」があります。小説と言っても、ほとんど現実に近い話だと思います。これは『**太宰治全集6**』（ちくま文庫、全10巻）に収録されています。

太宰には詩人をめざす三田君という大学生の友人がいました。しかし太宰から見て、その詩には才能が感じられない。やがて三田君は出征し、その先々から何度となく太宰宛に葉書を送ってきます。

その文面は、最初のうちは平々凡々としていましたが、しだいに切迫感が増していきます。そして最後に届いた一通は、アメリカ・アラスカ州のアッツ島で玉砕して亡くなる直前に投函されたものでした。

〈御元気ですか。
遠い空から御伺いします。
無事、任地に着きました。
大いなる文学のために、
死んで下さい。
自分も死にます、
この戦争のために。〉

太宰は、この一文にいたく感動します。

〈死んで下さい、というその三田君の一言が、私には、なんとも尊く、ありがたく、うれしくて、たまらなかったのだ。これこそは、日本一の男児でなければ言えない言葉だと思った。〉

この短い小説の中で、最後の葉書の文面は三度も登場します。末尾もこの文面で締めくくられています。それ自体、作品としてはきわめて珍しいでしょう。それだけ太宰の感動の度合いが大きかったのだと思います。

「死」にこだわるあたりがいかにも太宰、という感じはしますが、戦争に対する考え方など、従来のイメージとは違う太宰像を発見できるのではないでしょうか。これも全集を読む醍醐味の一つです。

ライフハック読書術⑧　「図解シリーズ」は大発明だ

本といえば「読む」というイメージがありますが、そういう本ばかりではありません。

「活字を追うのが苦手」なら、まずは「ただ見る」「眺める」ための図解本に親しんでみるという手はいかがでしょう。

世の中のあらゆる事象を図解で説明しようというものですが、これは日本の出版業界が生み出したたいへんな文化だと思います。膨大で難解な情報をきちんと整理し、見開き二ページで大きな図とともにサクサク解説していくという、そのフォーマットがすばらしい。

たとえば、**『詳説　世界史図録』**（詳説世界史図録編集委員会、木村靖二監修、山川出版社）は、地図が豊富で便利ですし、全体像を把握するのに役立ちます。

何かの学問分野に興味を持ったら、とりあえず該当する図解シリーズがないか探してみればいいと思います。とくに活字を目で追うのが面倒だと感じる人には入門書として最適でしょう。

特に専門外の人にとって、宇宙論や物理の法則などの理系分野は、図の助けがなければなかなか理解できないでしょう。「知識ゼロ」の状態からでもわかるように、基礎は押さえつつ、かといって深くなりすぎないようにしようというコンセプトが徹底している図解本はおすすめです。

現代社会の問題を押さえておくためにも、図解版は使えます。たとえばイスラム文化。なにもコーランを読まなくても、おおよそのことが理解できる一冊が**『面白いほどよくわかるイスラーム』**（青柳かおる著、塩尻和子監修、日本文芸社）。さすがに「図解」だけあって、全像がパッとわかるのです。

もちろんイスラムばかりでなく**『史上最強　図解仏教入門』**（保坂俊司監修、ナツメ社）等もあります。

いずれにせよ、図解とは簡単に言えばノートのようなものです。概念が一発でわかる図と、若干の文章によるフォローで成り立っているわけです。これならとっつきやすいし、わかりやすい。

ちなみに私自身、『**図解　論語**』（ウェッジ）という本を出しています。もはやどんな分野でも図解にできないものはない、という気さえします。

5章

いい大人になるための「哲学」入門

「自然体で暮らす」ことで世界が広がる

「月刊誌」「週刊誌」といえば雑誌を指しますが、雑誌以外の「誌」もあります。それが「生命誌」。三八億年前から続くあらゆる生命の膨大な歴史の物語を読み解こうという試みを指します。

これを創始されたのが、JT生命誌研究館名誉館長の**中村桂子**さん。もともと日本における「生命科学」研究の草分け的な存在でした。しかしその研究は、しだいに生命を機械のように捉えて機能や構造を解明することに主眼が置かれるようになったとのこと。そうではなくて、生きものとして全体を捉えて研究すべきではないかと考えて立ち上げたのが「生命誌」だったそうです。

その中村さんの近刊『**老いを愛《め》づる**』（中公新書ラクレ）は、フィクションも含めた各界の方々の言動や作品を素材にしつつ、生命についての考察を深めたエッセイ集です。共通するテーマは「自然体で暮らす」ということ。刊行時に八六歳の中村さんが、その年齢を素直に受け入れ、「老いをマイナスとしてばかり捉えるのでなく、なかなか面白いところもあると思っている気持ちを語ってみたくなりました」として書かれたのがこの本です。

たとえばこの中で、染織・紬織の人間国宝・**志村ふくみ**さんについて紹介されています。その志村さんの言葉がすばらしい。

〈空や海、虹や夕焼けの色は、ものに付いているものではないから手で触れることはできません。葉っぱや大地は色がものになりきっています。私の仕事はこの中間にあってものの中にある色が溶けこんできた液体を用いて糸を染めるのです。色が出てくる時に、パッと手を添えてそのお手伝いをしているのです。出しゃばると色はそっぽを向いてしまうんです〉

万物の霊長などと偉ぶらず、あくまでも自然界の一員として謙虚に生きることで、地球上にあふれる生命の力を感じ取ることができるということでしょう。志村さんはいつも、植物の「命をいただく」「色をいただく」という言い方をされているそうです。

実際、染織の世界というのは、たいへん奥深いものらしい。同じく染織家・**吉岡幸雄**さんの著書に**『源氏物語の色辞典』**（紫紅社）があります。困難と言われていた、現在は存在しない平安時代の色の再現を吉岡さんが成し遂げたのですが、それを写真で紹介しているのがこの本です。「源氏物語」の世界がどんな色で彩られていたのか、それを知るだけでもワクワクしてこないでしょうか。

中村さんはまた、同書で童謡「ぞうさん」や「一年生になったら」の作詞家として知られる**まど・みちお**さんにも触れています。まどさんは一〇四歳という長寿を全うされましたが、最後の本**『どんな小さなものでもみつめていると宇宙につながっている』**（新潮社）を出されたのは一〇〇歳のとき。詩集ではなく言葉集ですが、このタイトルからもわかる壮大さ、自由な発想がまどさんの魅力でしょう。

たとえば、以下の言葉を紹介しています。

〈生まれたところだけがふるさとではなく、死んでいくところもふるさと。宇宙を

ふるさとにすれば、一緒のところになります〉

中村さんは「このように言われると、心が広くなって穏やかな気持ちになります」と述べておられますが、まさにそのとおりでしょう。

まどさんの詩といえば、私が好きなのは「トンチンカン夫婦」という作品です。これは『百歳日記』(NHK出版、二〇一〇年所収)に収められています。

〈満91歳のボケじじいの私と
満84歳のボケばばあの女房とはこの頃
毎日競争でトンチンカンをやり合っている
私が片足に2枚かさねてはいたまま
もう片足の靴下が見つからないと騒ぐと
彼女は米も入れてない炊飯器に
スイッチ入れてごはんですようと私をよぶ

おかげでさくばくたる老夫婦の暮らしに
笑いはたえずこれぞ天の恵みと
図にのって二人ははしゃぎ
明日はまたどんな珍しいトンチンカンを
お恵みいただけるかと胸ふくらませている
厚かましくも天まで仰ぎ見て〉

老いて失敗が多くなることも、こうして笑い飛ばせたら前向きになれます。ものは考えようだということを、あらためて教えられます。

人類史にまつわる壮大かつ斬新な本が続々と

ところで、中村さんの「生命誌」の特徴は、小さな生命に目を凝らしつつ、実は壮大なスケールで世の中を概観していることです。

〈地球上にはさまざまな生きものが暮らしていますが、すべて三八億年ほど前に存在した一つの祖先細胞から生まれた仲間であるということがはっきりしました。小さな虫も花も鳥も……どんな生きものも三八億年近い長い長い歴史を背負っていっしょうけんめい生きているのですから、それをないがしろにするわけにはいきません。その気持ちが「いのちを大切に」ということなのです。〉

宇宙でも歴史でも、ものごとを大きく捉えると、相対的に自分の小ささを実感できます。そうすると、日々の悩みや不安なども大した問題ではないように思えてくる。こういう視点移動は、特に時間を持て余すことが多い高齢者にとって有効かもしれません。

しかも最近は、人類の歴史を斬新な視点で描き直した著作が相次いで登場しています。イスラエル人の歴史学者**ユヴァル・ノア・ハラリ**さんの『**サピエンス全史**』やその後の『**ホモ・デウス**』（ともに河出書房新社）は、その典型でしょう。

ホモ・サピエンス（現生人類）の全史は、約二〇万年あります。全生物の三八億年におよぶ歴史に比べれば、ほんのわずかです。しかし世界史や近現代史と比べれば途方もない長さで、まして自分の生涯など仮に一〇〇年としても一瞬にすぎません。

では、「ホモ・サピエンスとしての自分の人生はどうだったか」を考えたことはあるでしょうか。「親として」「会社の一員として」「社会の一員として」「日本人として」どうだったか、発展に貢献できたかという問いなら、ある程度自分なりに答えを見つけることはできるでしょう。しかし二〇万年を背負って貢献できたかと問われると、誰でも戸惑うと思います。

『サピエンス全史』を読むと、今まで考えたこともなかったそういう問いに直面します。二〇万年を振り返ることが、実は自分の人生を振り返ることにもなる。教養を深めるだけではなく、なかなか貴重な経験ができると思います。

それから『ホモ・デウス』は、『サピエンス全史』を踏まえた人類の未来予測。テクノロジーの発達により、情報こそが「神」になるというお話です。両方合わせて読むと、その世界観をいっそう堪能できます。

同じく人類史で言えば、アメリカの生理学者・進化生物学者**ジャレド・ダイアモンド**

の**『銃・病原菌・鉄』**（草思社文庫）も世界的なベストセラーになりました。今日もなお根強い地域格差の問題がなぜ生まれたのか、生物学のみならず生態環境や言語の問題など、さまざまな観点を組み合わせて考察しています。

歴史を振り返ることは、これからの自分を考えることでもある

あるいは最近なら、フランスの歴史人口学者**エマニュエル・トッド**の**『我々はどこから来て、今どこにいるのか？』**（文藝春秋）も話題です。言うまでもなく、このタイトルはゴーギャンの名画「我々はどこから来たのか　我々は何者か　我々はどこへ行くのか」に由来します。宣伝文には「ホモ・サピエンス誕生からトランプ登場までの全人類史を『家族』という視点から書き換える革命の書！」とありますが、地域ごとの家族や宗教の形態が経済や社会の発展にどのような影響を与えたかという、非常に斬新な視点を提示しています。

ちなみに、同書のフランス語の原書が刊行されたのは二〇一七年。日本語版では、ウ

クライナ戦争の遠因も「家族構造」で捉えた「日本の読者へ」というはしがきが添えられています。

一方、日本人のルーツを探る本も多数出ています。「単一民族」とよく言われますが、実はその遺伝子は意外に複雑で、あちこちに由来するようです。

かく言う私も、かつて**『日本人は、なぜ世界一押しが弱いのか？』**（祥伝社新書）という本を書いたことがあります。概して日本人は国際会議等でなかなか自己主張できないと言われます。お金は出すが口は出さない〝上客〟でもあります。広くアジア人全般が弱いのかと言えば、そうでもない。中国人はもちろん、韓国人もインド人もけっこう強いです。

ではなぜ、日本人だけ弱いのか。私の考えは単純で、そもそも人類発祥の地がアフリカだからではないでしょうか。

まさに二〇万年前、ホモ・サピエンスはアフリカで発祥し、そこからヨーロッパ、中東、アジアへと拡散しました。その観点で見れば、日本はまさに極東の終点です。フロンティアを求めて日本に行き着いたと言えばカッコいいですが、実際はヨーロッパのような〝一等地〟を我の強い人に支配され、西へ西へと逃れるうちに日本に追い込まれたのではないか、と考えたわけです。

だとすれば、その末裔である私たちの押しが弱いのは当たり前。しかしだからといって、絶滅するわけではありません。今は力がだいぶ落ちているとはいえ、まだ世界に冠たる先進国の一角です。弱者には弱者の戦い方がある。それを実践して今日に至っていることを、私たちは感謝とともに肝に銘じる必要があるのではないか。この本ではそんな話を展開しました。

いずれにせよ、最近は世界史・日本史にまつわる壮大かつ斬新な視点の本が多数出ています。それは単に、私たちの知識欲を満たしてくれるだけではありません。

膨大な人類の歴史の末裔として、今日の私たちが存在しているわけです。また私たちは、これからも続くであろう人類の歴史に対して責任を負っています。過去の人々が何を「正しい」と考え、どう行動してきたかを知ることは、同時に私たち自身が「どう生きるか」を問われているということでもあります。それはまさに「我々はどこから来たのか 我々は何者か 我々はどこへ行くのか」という、多分に「哲学的」な問いかけでしょう。

　とはいえ、私たちは今まで、哲学について考えることはあまり多くなかったと思います。では哲学とは何なのか。中高年として「生き方」を間違えないように、また若い人への責任として「こういうものだよ」とざっくり教えられる程度に、以下に役立ちそうな本をいくつか紹介してみます。

「哲学書」を読みこなす三つのコツ

　古代ギリシャのソクラテス、プラトン、アリストテレスに端を発する「哲学」といえば、少なくとも西洋においては教養の中心です。特にエリート層にとって不可欠な学問とされています。どのような能力を持っていたとしても、人格の核となるような思想や精神がなければ人の上には立てない、ということでしょう。そう言われると、ちょっと覗いてみたくなると思います。

　しかし一方で、世の哲学書といえば難解の代名詞でもあります。古今東西には多くの哲学者がいますが、その著書を繙くには相応の覚悟が必要です。

とりあえず足を踏み入れるコツは、大きく三つあります。一つ目は、まず解説書から概要を摑むこと。書店に行けば多種多様な解説書があります。誰か一人の哲学者に焦点を当てたものもあれば、図解をメインにした入門者向けのものもあります。たとえばちくま新書からは、哲学の歴史の流れがわかる全八巻の『**世界哲学史**』が刊行されています。

こういう本をいくつか読めば、「この人はこういうことを言っているのか」「哲学にはこういう歴史があるのか」ということがだいたいわかります。いわば「俯瞰読み」で、地図をざっくり頭の中に入れるようなものと考えればいいでしょう。そのうえで深入りしていけば、〝迷子〟にはなりにくいと思います。

二つ目は、とにかく興味を持てそうな哲学者を見つけること。いつの時代にも、社会の思潮や出来事に影響を及ぼした哲学者がいます。その歴史から哲学者を探ってみるのもいいでしょう。あるいは文体や議論の方向性が自分に合っているかも重要な観点です。やはり解説書をいくつか読んでから本人の著作を読めば、理解しやすいはず。またそれを起点として、関連する哲学者に興味が湧くこともあると思います。

そして三つ目。難解な箇所は飛ばしていいということです。もともと哲学の思考は複雑なうえ、古典だったり翻訳書だったりすると、なおさら理解不能な部分に多々出会うと思います。しかし、そこで投げ出してしまってはもったいない。むしろ、わかる部分を探して読むぐらいの感覚でいいのではないでしょうか。そうすると、わからなかった部分が後になってわかったりするものです。

「三大幸福論」に見られる共通点

「哲学書」と言っても、けっして難解なものばかりではありません。それを実感するには、いわゆる「**三大幸福論**」と呼ばれる三冊を試してみるといいでしょう。スイスの思想家・法学者**ヒルティ**による『幸福論』は一八九一年、フランスの哲学者**アラン**による『幸福論』は一九二五年、そしてイギリスの哲学者**ラッセル**による『幸福論』（いずれも岩波文庫ほか）は一九三〇年にそれぞれ刊行されています。

いずれも共通するのは、「幸福」とは自動的に得られるものではなく、理性と意志の力で摑み取るものである、ということです。人生にはさまざまな苦難がつきまといますが、それ自体が不幸の原因ではなく、それをどう捉えるかが重要というわけです。

たとえばヒルティの考えを象徴する言葉に、「不幸は幸福のために必要だ」がありま す。不幸の試練に耐えてこそ、その先に大きな幸福感が待っているということでしょう。何不自由なく過ごすままでは、人格的に成長できないし、周囲の人のありがたさや苦難を乗り越える喜びも実感できないわけです。

あるいはアランの有名な言葉として、「悲観主義は気分、楽観主義は意志」がありま す。何かピンチに陥ったとき、「もうダメだ」と落ち込むか、「何とかなる」と前を向くか。後者のほうがエネルギーは必要でしょう。しかし前者は何も生み出しませんが、後者は状況を打開する原動力になり得ます。

特に中高年になると、ふつうにしていても周囲から「不機嫌」と見られがちです。つまり周囲にも悲観を撒き散らすことになる。だから意識的に「上機嫌」を振りまくことが、周囲と自分を幸福にする必須条件だと思います。

そしてラッセルについて。私は高校時代に英語の参考書でラッセルの書いた一文を読み、「何とわかりやすい文章を書く人だろう」と感動した覚えがあります。それ以降、『幸福論』も原書と岩波文庫で読みました。

きわめて理路整然と「幸福」への道を説いているのですが、特徴的な主張を一つ挙げるなら「退屈を恐れるな」ということです。

退屈というと、一般的にはできるだけ避けたい、ネガティブな状態というイメージが強いかもしれません。しかしラッセルによれば、人類の多くの偉業は退屈な時間の蓄積によって達成されたとのこと。たとえば『旧約聖書』『コーラン』『論語』『資本論』はいずれも世界史に残る大著ですが、最初から最後まで興奮で満ちているわけではありません。むしろ退屈な部分のほうが圧倒的に多いでしょう。しかし、それらも含めて大著であり、名著であると説いています。

あるいはソクラテス、カント、ダーウィン、マルクスという歴史に名を残した人物にしても、生涯の大半の時間は退屈だったとして、だからこそ偉業を成し遂げることができたと述べています。たしかにそのとおりでしょう。どんな仕事であれ、地道な積み重ねが不可欠なはずです。

　これは、多くの中高年の方にとっても傾聴に値するメッセージだと思います。仕事の第一線を退いて時間を持て余すようになったとき、「とにかく充実させなければ」と焦る人は多いでしょう。それによって楽しみを見つけるのもいいですが、じっくり腰を落ち着けて、ここで紹介したような古典や大著を読んでみるとか、何かの勉強をしてみるとか、一見すると地味な日々でも一向にかまわないということです。そう考えるだけで、ちょっと気持ちが楽になるのではないでしょうか。

　ここに紹介したのは、「三大幸福論」のほんの一部です。それぞれ示唆に富んだメッセージが満載です。それこそじっくり読んでみると、まず気分が前向きになることは間違いありません。

　ちなみに私は以前、ラッセルの『幸福論』の中身をブラッシュアップし、より実践的に使えるよう**『60代からの幸福をつかむ極意』**（中公新書ラクレ）を上梓しました。合わせてお読みいただければ幸いです。

常に死を意識して生きることが「本来的」か

哲学の世界には、「存在とは何か」というきわめて哲学的な問いかけがあります。発端は古代ギリシャの哲学者アリストテレスの「形而上学」であり、それを継承したのが二〇世紀前半のドイツの哲学者**マルティン・ハイデッガー**の『**存在と時間**』（ちくま学芸文庫ほか）です。同書は、その後の哲学の展開に多大な影響を及ぼしたと言われています。

といっても「存在とは何か」という問いかけはきわめて大きく、かつ難解でもあるので、ここで解説してもあまり意味がないでしょう（☞難解な本の読み方については【ライフハック読書術】⑨を参照）。ただおもしろいのは、テーマの一つが「死」であることです。

私たちは死を意識して生きる存在であり、有限な時間を生きている。その死を覚悟する生き方を「先駆的覚悟性」と言いますが、それこそ人間本来の生き方であると説いているわけです。

私たちは誰一人として死から逃れられません。それがいつになるかもわかりません。その前提で生きていくには、大きく二つの道があります。一つは、それをクリアに意識して生きる道、もう一つは、適当にごまかしつつ、考えないようにする道。

後者については、たとえば友人たちと楽しくおしゃべりをしている最中、私たちは死について考えたりはしないでしょう。日常をそういう時間だけで埋め尽くしたとすれば、意識から死を排除できるわけです。ハイデッガーは、それが悪いと説いているわけではありません。ただ冗長で非本来的であると見ています。

とはいえ、毎日死を意識して生きるのも疲れます。限られた時間を精一杯生きようと前向きに考えられればいいですが、「どうせ死ぬなら」と虚無的にもなりかねません。なので、ここはハイブリッドがいいのではないでしょうか。おしゃべりにはおしゃべりの効用があり、死を含めてネガティブな感情を紛らわすことができます。大騒ぎをして楽しんだ翌日に死んでいたとすれば、それはそれでいい生き方のような気がします。あるいは「おしゃべり」だけではなく、仕事でも趣味でも何かに一生懸命打ち込んで時が経つのを忘れる、ということもあり得ます。これもまた充実した生き方でしょう。

だいたい高齢になると、体力が弱って病気がちになります。そのとき、若いころなら「寝ていれば治る」ぐらいに思っていたのに、「もう治らないかもしれない」とか「このまま死に向かうのか」と不安になることもあるでしょう。あるいは周囲の同世代が先に旅立つことも珍しくなくなります。つまり、必然的に死について意識する機会が増えてくると思います。

ならば逆に、そういう不安を忘れる時間があってもいい。何か楽しみを見つけて没頭できるものがあれば、精神衛生的にはプラスに働くはずです。これこそ長生きの秘訣かもしれません。

『ツァラトゥストラ』は何を語っているのか

比較的読みやすいという意味では、一九世紀後半のドイツの哲学者**ニーチェ**の『**ツァラトゥストラ**』（手塚富雄訳、中公文庫）もおすすめです。一見分厚くて難しそうですが、そうでもありません。とにかく手塚さんの訳が非常に見事で自然なのです。スッと暗誦できてしまうほどと言っても、褒めすぎではありません（☞読書における翻訳者の重要性については【ライフハック読書術⑩】を参照）。しかも各節の冒頭には要約も書かれていて、すごく親切な感じがします。さらに言えば、改訂版の巻末には手塚さんと三島由紀夫との対談も収録されています。

大学でも、私は『論語』と同様に読むことをすすめています。そのうえで、授業中に全員で音読してもらうこともあります。そうすると、ニーチェの言葉がいかに力強いかがわかります。たとえば有名な一節として、以下のようなものがあります。

〈なぜなら、君は友にとって、超人を目ざして飛ぶ一本の矢、憧れの熱意であるべきだから。〉

ニーチェはヨーロッパのキリスト教社会において「神は死んだ！」と主張して物議を醸しました。それは従来のすべての価値観が失われ、人生が無意味になることを意味します。それを「ニヒリズム（虚無主義）」と言います。一見ネガティブですが、それを肯定し、超越して生きるのが「超人」というわけです。

〈のがれよ、わたしの友よ、君の孤独のなかへ。強壮な風の吹くところへ。蠅たたきになることは君の運命ではない。〉

ここでいう「蠅」とは、人の噂話ばかりしているような人たちを指します。つまり「蠅たたき」とは、彼らと同じ次元で反論したり否定したりすること。そうではなくて、孤独の中へ逃れよと訴えているわけです。

〈これが生だったのか。よし。もう一度。〉

「神」が存在しない以上、天国のようなものも存在せず、人生は苦難を繰り返すのみ。これを「永遠回帰」と言います。そこに立ち向かう勇気を持とうというのが、このセリフです。

『ツァラトゥストラ』は人によって好き嫌いがあると思います。とにかく神を否定し、キリスト教が説く「隣人愛」を批判して「遠人愛」を提唱するなど、かなりクセがあるからです。しかし一人の人間の壮大な成長物語としても読めるので、一度は手に取ってみることをおすすめします。

ちなみに同じ手塚さんの翻訳なら、一八世紀半ばから一九世紀前半にかけて生きたドイツの文豪**ゲーテ**の『**ファウスト**』（中公文庫）も読みやすいと思います。哲学書ではなく長編の戯曲ですが、自然な日本語で、しかも言葉に品格があります。

この物語は、主人公ファウストと悪魔メフィストフェレスとの魂の戦いを軸に、幻想と現実の入り混じった世界で展開されます。ゲーテは若いころから亡くなる直前まで、何十年も手を入れ続けたと言われています。大作家が生涯をかけて書き上げた渾身の作品というと、それだけでも興味をそそられるのではないでしょうか。

知っておいて損はない「実存主義」

『ツァラトゥストラ』と同様、小説のような哲学書のようなという、その中間に位置する作品も少なからずあります。物語になっているので、そちらのほうが読みやすいことは間違いありません。

たとえば、二〇世紀フランスの高名な哲学者**サルトル**の『**嘔吐**』（人文書院）もその一つ。小説ではありますが、哲学的なものを含んでいます。奇妙なタイトルですが、主人公はあるとき、海辺で水切りをしようと小石を手にとった時に吐き気を催します。それ以来、あらゆるものやことに対しても吐き気は激しくなるばかり。それはなぜなのか、主人公が綴った日記を読む形で追っていきます。

サルトルといえば、「実存主義」を主唱したことで知られています。ざっくり説明するなら、「実存は本質に先立つ」というのがサルトルの言葉です。たとえば椅子には「座る」、ペンには「書く」という本質があります。結果的にどういう形をしていようと、これらの目的のためにつくられるわけです。

では人間はどうか。それぞれ本質があって生まれるわけではありません。まず存在が先にあり、本質は各自が自分で見つけていくことになる。ある意味では自由ですが、そこには責任もともないます。だからサルトルは、「人間は自由の刑に処されている」という言い方もしています。哲学の世界では、このことを「不条理」と表現します。

この小説は、そのあたりをわかりやすく解説するために書かれたと言われています。結果的にサルトルは世界中で大人気となりましたが、まさに意図どおり、この小説が大きな役割を果たしたことは間違いありません。

また、サルトル以前の、実存主義の先駆者と呼べる存在が、二〇世紀初頭のチェコの作家**カフカ**。ある朝、主人公が目覚めるとムシになっていたという衝撃的な書き出しで有名な**『変身』**をはじめ、**『城』『審判』**などの作品があります。

またその後に登場したのが、フランスの作家**カミュ**。中世のヨーロッパで猛威を振るったペストを題材にした**『ペスト』**をはじめ、**『異邦人』『シーシュポスの神話』**といった作品が有名です。

カフカもカミュも、作品には多分に実存主義的な思想が含まれるため、「不条理の哲学」「不条理の文学」とも称されます。

日本生まれの哲学なら共感しやすい

一方、「実存が本質に先立つ」ものを見て吐き気を催すほど嫌悪するのは、西洋的な発想かもしれません。少なくとも東洋においては、やや違う気がします。むしろ祝福の対象にもなります。

それを端的に表した言葉が、「主客未分」。日本を代表する哲学者の**西田幾多郎**《にしだきたろう》は、明治末期に**『善の研究』**（岩波文庫ほか）を書きました。西洋哲学が生んだ実存主義に対し、その前に主体である自分と客体である対象が分かれる前の状態があると説きます。それを「純粋経験」と表現しました。禅で言う「無の境地」のようなもので、自分か相手か、善か悪かという二項対立ではなく、一体化している状態を指します。

これは、いかにも日本的な発想とも言えます。日本語自体、主語と客体とを明確に分けないことがよくあります。たとえば川端康成の『雪国』の冒頭の有名な一文「国境の長いトンネルを抜けると雪国であった」にしても、主語がありません。

あるいは山に登って風景を眺めているうちに、自然の中に自分が溶け込んだような心地よさを味わうことがあると思います。いずれも「主客未分」の世界であり、日本人はそれを「吐き気」ではなく受け入れて味わうことができるわけです。

『善の研究』自体は、さすがに難解な本と言われています。しかし「主客未分」の概念さえある程度頭に入れておけば、そこそこ理解できると思います。それに先に述べたとおり、いろいろ解説書も出ているし、わかりにくい部分は飛ばしてもいい。そうすると、特に中高年なら、同じ日本人として共感できることも多いでしょう。

ついでに言えば、西田の同郷の友人に仏教哲学者の**鈴木大拙**がいます。お互いに影響を与え合ったことは間違いありません。その意味で、鈴木大拙の『**禅と日本文化**』（岩波新書ほか）も西田哲学とワンセットで読むと、いっそう理解が深まると思います。

そしてもう一人、昭和から平成にかけての哲学者に**大森荘蔵**がいます。大森が唱えたのは、「天地有情」。天と地の間には情があるということです。これも西欧哲学の二項対立とは一線を画す考え方ですが、端的に言えば、温泉に入っている自分をイメージするとわかりやすいでしょう。まさに天地の間にある自然と一体になって、自我が溶けていくような心地よさを感じるはずです。その感覚を再認識するために、『**大森荘蔵セレクション**』（平凡社ライブラリー）を読んでみるのもいいと思います。

なお、最後にちょっとだけ〝ちゃぶ台返し〟を。ここまで哲学に関する本をいろいろ紹介してきましたが、別に無理をして読む必要はない、我関せずと通りすぎてもかまわない、という考え方もあります。

二〇世紀前半のオーストリアの哲学者**ヴィトゲンシュタイン**は、代表的な著書『**論理哲学論考**』（岩波文庫ほか）の中で、「ほとんどの哲学には意味がない」と説いています。なぜなら、そもそも哲学は論理的に意味のない問いを立てているから、「語りえないことについては、沈黙しなければならない」とのこと。まったく身も蓋もない言い方ですが、一連の難解さの原因はここにあったのかと納得したくもなります。

これは、学生が勉強しないための言い訳にも使われてきました。無理に勉強をする必要のない中高年なら、なおさら同書を盾にスルーする手もあります。何かの哲学書を買ってはみたものの難解でなかなか先に進めないなら、放棄してもＯＫ。きっとそれは、あなたのせいではありません。

ライフハック
読書術⑨

挫折した本に、今こそ再チャレンジ

古典の長編小説の中には、難解としか言いようのない作品もあります。その代表格といえば、先にも紹介した**ガルシア＝マルケス**の**『百年の孤独』**でしょう。ノーベル文学賞をもたらしたとされる作品であり、二〇世紀を代表する大傑作ではありますが、長いうえにたいへん難しい。読者の混乱は必至です。

それもそのはずで、この作品はもともと混乱させることを目的として書かれています。複数の人物が同じ名前で登場したり、現実と空想の世界を行き来したり、巡り巡って元のシーンに戻ったりするわけで、すんなり理解しようというほうが無理な話です。

しかし、それこそがこの作品の持ち味であり、深みをもたらしています。「意味がわからない」と早々に本を閉じてしまうのもいいですが、いつか折を見て、ふたたび開くことをおすすめしたい。いわば書棚に〝熟成〟させておくわけです。

というのも、かならずしも「意味がわからない」＝つまらない」ではないからです。混乱していること自体を受け入れるのも、読み方の一つのスタイルです。「何が言いたいのかわからない」と批判することは簡単ですが、何が言いたいかを言葉できっちり主張してある小説がおもしろいかと言えば、それは違うでしょう。

だいたい小説というものは、さまざまな解釈が可能だからこそおもしろいのです。新聞等で使われる〝実用日本語〟とは対極的に、ニュアンスが曖昧な〝文学的日本語〟というものが存在するわけです。

だから、一つの作品に対して多くの解説書や評論が生まれる。**蓮實重彦**《はすみしげひこ》さんの『**ボヴァリー夫人**』**論**』（筑摩書房）は、本家の『ボヴァリー夫人』よりも厚いぐらいです。あるいは大学の文学部の卒論テーマといえば、昔も今も夏目漱石がよく選ばれます。これも、多様な読み方ができる証左でしょう。

小説を読み慣れてくると、「わからないのも味のうち」「わからないのはきっと自分だけではない」とわかるようになります。少なくとも、早々に放棄してしまうのはもったいない。

中高年になったら、若い時分にかつて挫折した一冊を取り出して、再チャレンジしてみるといいのではないでしょうか。経験を積んだ今なら、読みこなせる作品があるかもしれません。

ライフハック
読書術⑩

お気に入りの〝翻訳者〟を探せ

翻訳小説に関しては、優れた翻訳者が、わかりやすい日本語にアレンジしてくれています。

その典型が、ポール・オースターをはじめ多数のアメリカ文学の翻訳を手がけておられる**柴田元幸**さんでしょう。特に時代を追うにしたがい、読みやすさに磨きがかかっているように思います。今やアメリカ文学のファンというより、柴田さんの翻訳だから読みたいというファンがいるほどです。

読者としては、柴田さんのような優れた翻訳家の本なら安心して読める、ということです。

それはちょうど、洋画やアニメの吹き替えの声に近いかもしれません。「アラン・ドロンなら野沢那智がピッタリ」「ルパン三世の声といえば、昔は山田康雄、今では栗田貫一以外に考えられない」というのと同様、「この作家にはこの翻訳家」というハマり具合いがある。

それを見つけるのも、読書の楽しみの一つでしょう。

もちろん、世界的な名著には複数の翻訳者による版があります。たとえば『**ライ麦畑でつかまえて**』（J・D・サリンジャー）なら、**村上春樹**さんの翻訳本『**キャッチャー・イン・ザ・ライ**』（白水社）も話題になりましたが、**野崎孝**さんによるもの（白水Uブックス）が昔から「名訳」と言われています。これは優劣をつけるというより、読者の好みで選べばいいと思います。

ただし、より新しい訳のほうがわかりやすいと考えるのは早計です。ふつう、人類の進歩の歴史を考えれば、より新しく生まれるもののほうが過去のものより優れているはずです。

しかし翻訳の世界では、かならずしもそうではありません。むしろ、新しい訳で誤訳されたり、かえって難しい表現に変わったりすることもよくあります。

その要因は、おそらくそうした翻訳者が他者の従来の翻訳本を読んでいないことにあります。

「影響を受けたくない」という心理もあるでしょうし、「自分の訳こそ一番」という自負もあるのでしょう。その結果、革新や進化が継承されにくいわけです。

それに、これは好みの問題でもありますが、翻訳本は読みやすければいいというものでもないと思います。あまりに違和感のない日本語で書かれると、原典の〝香り〟や〝風情〟が飛んでしまうのです。

たとえば『新約聖書』の場合、**塚本虎二**さんの訳による『**新約聖書　福音書**』（岩波文庫）は、日本人がふつうに読んで理解できるたいへんな労作です。しかし、同じ岩波文庫には『**文語訳　新約聖書　詩篇付**』もあって、声に出して読みたい品格のある日本語で書かれています。

文語体に聖書の〝香り〟を感じる人もいるでしょう。

齋藤 孝 Saito Takashi

1960年静岡県生まれ。明治大学教授。東京大学法学部卒業。同大学大学院教育学研究科博士課程満期退学。専門は教育学・身体論・コミュニケーション論。教職課程で中高教員の養成に従事。『声に出して読みたい日本語』(毎日出版文化賞特別賞)シリーズ、『身体感覚を取り戻す』(新潮学芸賞受賞)、『新しい学力』、『英語コンプレックス粉砕宣言』(鳥飼玖美子との共著)、『60代からの幸福をつかむ極意』、『格上の日本語力』など著書多数。

中公新書ラクレ 805

人生《じんせい》最後《さいご》に後悔《こうかい》しないための読書論《どくしょろん》

2023年12月10日発行

著者……齋藤《さいとう》 孝《たかし》

発行者……安部順一

発行所……中央公論新社

〒100-8152 東京都千代田区大手町 1-7-1

電話……販売 03-5299-1730 編集 03-5299-1870

URL https://www.chuko.co.jp/

本文印刷…三晃印刷 カバー印刷…大熊整美堂 製本…小泉製本

Published by CHUOKORON-SHINSHA, INC.

Printed in Japan ISBN978-4-12-150805-8 C1295

中公新書ラクレ　好評既刊

ラクレとは…la clef＝フランス語で「鍵」の意味です。
情報が氾濫するいま、時代を読み解き指針を示す
「知識の鍵」を提供します。

L678
英語コンプレックス粉砕宣言
鳥飼玖美子＋齋藤　孝 著

日本人がなかなか払拭することのできない英語コンプレックス。中学・高校の六年間学んでも話せるようにならない絶望が、外国人と軽妙なパーティトークをできない焦りが、過剰な「ペラペラ幻想」を生んでいる。英語教育の現場をよく知る二人が、コンプレックスから自由になるための教育法・学習法を語り合う。とりあえず英語でコミュニケーションを取るための具体的な方策も伝授。黒船ショック以来、日本人に根付いた劣等感を乗り越える！

L760
60代からの幸福をつかむ極意
―「20世紀最高の知性」ラッセルに学べ
齋藤　孝 著

日本は「隠れ幸福大国」である。ただ、バラ色老後のために足りないのは「考え癖」と「行動癖」。この二つを身に付けるための最良テキストが、哲人ラッセルの『幸福論』。同書を座右の書とする齋藤氏が、現代日本の文脈（対人関係、仕事、趣味、読書の効用、SNSとの付き合い方等々）に読み替えながら、定年後の不安感を希望へと転じるコツを伝授する。なお、ラッセルは九七歳まで知と平和と性愛に身を投じた高齢社会のロールモデル。

L795
格上の日本語力
―言いたいことが一度で伝わる論理力
齋藤　孝 著

「言いたいことを上手く伝えられない」「相手に誤解されてしまう」といった悩みを抱えるあなたも、日本語の構造や特徴さえ押さえれば、話の筋はクリアに、「頭がよく」見えるようになる！　「文章を短く区切って、大事なことから」「事実と非事実を分ける」「『論理的相槌』を打つ」等々の齋藤式メソッドを身につければ、真意が十分に伝わり、人間関係や仕事がスムーズになる。『言いたいことが一度で伝わる論理的日本語』を増補した決定版。